« ÇA TIENDRA BIEN
JUSQU'EN 2017 ! »

Sophie Coignard
Romain Gubert

« ÇA TIENDRA BIEN JUSQU'EN 2017... »

Albin Michel

© Éditions Albin Michel, 2016

Introduction

« De toute façon, ça tiendra bien jusqu'en 2017... » C'est ainsi que François Hollande s'exprime parfois devant son entourage quand il pense à l'avenir de la France, et surtout au sien. Une étrange vision de l'action politique au sommet de l'État. Qu'est-ce qui tiendra ? Le pays ? L'économie ? La croissance ? Ou plus simplement un système de gouvernement uniquement composé d'artifices, où la communication a remplacé l'action, où l'immobilisme tient lieu de projet ? Alors que la situation ne s'améliore pas – euphémisme –, que les réformes sont toujours remises à demain, que les menaces s'accumulent, nos dirigeants n'ont plus qu'une obsession : durer.

Depuis une quinzaine d'années, par petites touches, les responsables politiques évoluent sous l'emprise d'un double syndrome : les faux-semblants et la procrastination.

En 2011, Alain Minc, célèbre visiteur du soir à l'Élysée connu pour chanter les louanges du changement, rencontre des experts afin de trouver quelques idées de réforme de la Sécurité sociale : « Sarkozy va être réélu et là, on va vraiment s'attaquer à l'assurance maladie », leur dit-il. Un aveu confondant : pourquoi avoir laissé

« *Ça tiendra bien jusqu'en 2017 !* »

le navire couler quatre ans de plus, au lieu de s'atteler à la tâche dès 2007 ?

La procrastination, sur ce sujet, ne date pas d'hier. En 2001, alors qu'il est directeur général de la Caisse nationale de l'assurance maladie, Gilles Johanet, par ailleurs magistrat à la Cour des comptes, reçoit Élisabeth Guigou, chargée de l'Emploi et de la Solidarité dans le gouvernement Jospin. Alors que la visite se termine et que le haut fonctionnaire raccompagne la ministre à sa voiture, celle-ci lui lance, tandis que son chauffeur lui ouvre la portière : « Gilles, il faut tenir huit mois... » Autrement dit, jusqu'à la présidentielle de 2002. Ce qui signifie caresser dans le sens du poil toutes les professions concernées, médecins, mais aussi infirmières, biologistes, kinésithérapeutes... Et tant pis pour le célèbre « trou de la Sécu ».

Élisabeth Guigou, il est vrai, a été à bonne école avec son mentor François Mitterrand : « Vous n'avez pas besoin d'idéologie ou de stratégie, mais de tactique et de communication », avait-il l'habitude de dire à ses troupes. La mécanique du cynisme, qui sacrifie l'art de gouverner à la sauvegarde des places et des postes, était lancée. Elle ne s'arrêtera plus.

C'est ainsi que Jacques Chirac devient un Président qui préfère s'intéresser à la sécurité routière qu'à la sauvegarde des grands équilibres. Quand, en 2002, il arrive à Bercy, son nouveau ministre de l'Économie et des Finances, Francis Mer, est saisi d'effroi par une bombe à retardement : l'endettement de la France. Ce grand patron, qui a restructuré la sidérurgie à la tête d'Usinor, devenu ArcelorMittal, est habitué à affronter les situations difficiles et à trancher dans le vif. Pas politique pour deux sous, il n'a pas compris la nouvelle loi, non écrite, qui guide la plupart de ceux qu'il côtoie

Introduction

chaque mercredi en Conseil des ministres : la survie, à tout prix, de la classe politique. Pour l'assurer, un seul mot d'ordre : pas de vagues.

Francis Mer, sûr de son fait, demande audience à Jacques Chirac. Il fait préparer par ses services des graphiques simples qui illustrent en un coup d'œil la gravité de la situation. Quand il arrive dans le bureau présidentiel, son hôte est de bonne humeur : quel bon vent amène donc ce ministre issu de la société civile ? Francis Mer sort ses dessins et se lance : si l'on n'agit pas de façon urgente, la dette va continuer de gonfler, les intérêts qu'il faudra payer aussi. Ne rien faire, c'est sacrifier les générations futures. Très vite, l'humeur du Président s'assombrit. Ses jambes, sous le bureau, s'agitent pour signifier son impatience. Finalement, il n'y tient plus et interrompt la démonstration : « Écoutez, Mer, cela fait trente ans qu'on se démerde comme ça. Alors, ça peut bien durer encore un peu. » Jacques Chirac, il est vrai, avait annoncé la couleur. Pendant la campagne présidentielle de 1995, où il était loin de faire la course en tête, il assurait à ses troupes : « Je vous étonnerai par ma démagogie. » C'est la seule promesse qu'il ait jamais tenue.

Nicolas Sarkozy, quand il lui succède, n'a que le mot réforme à la bouche. Il a, répète-t-il à ses interlocuteurs, abondamment réfléchi à l'exercice du pouvoir. Il est préparé. Il est prêt. Il a son projet : agir et gouverner autrement. Pourtant, il n'abroge pas les 35 heures qu'il n'a cessé de dénoncer pendant sa campagne. Quand on demande à son entourage, après coup, pourquoi il n'a pas osé toucher à ce totem, la réponse fuse, avec une nuance de regret dans le ton : « Au début du quinquennat, il y avait de la croissance. Après, c'était trop tard… » Partout ailleurs qu'en France, les gouvernants

« *Ça tiendra bien jusqu'en 2017 !* »

savent bien que c'est justement quand tout va bien qu'il faut réformer. Pas à l'Élysée, quel que soit son locataire. Comme s'il ne fallait pas gâcher un moment agréable, celui où la popularité peut remonter grâce à la bonne conjoncture.

Alors, le Président, ses conseillers, la plupart de ses ministres s'enferment dans une sorte d'autisme. Marylise Lebranchu, ministre de la Décentralisation et de la Fonction publique, a cette réponse quand elle est interpellée en privé par l'ancien ministre de droite Alain Lambert sur les incohérences de la réforme territoriale : « Il faut bien qu'on donne l'illusion qu'il s'agit d'une vraie réforme... »

Pendant ce temps, les rapports alarmants, de la part de diverses instances indépendantes, s'accumulent pour sonner l'alarme. Ils sont ignorés. Quand le premier président de la Cour des comptes, Didier Migaud, rencontre le chef de l'État, il réitère à l'oral les mises en garde rédigées année après année. La dette ! Les freins à la croissance ! Le déficit public ! Le trou de la Sécu ! Les deux hommes se connaissent bien et se tutoient. Ils ont siégé ensemble, dans le groupe socialiste, à l'Assemblée nationale. Mais l'ancien député nommé à la tête de la Cour par Nicolas Sarkozy doit être un peu las d'entendre toujours la même réponse : « Tu as raison, Didier, mais tu sais, on fait attention... »

« Faire attention » ! Voilà comment, à la tête du pays, on se démène, pour ne surtout pas gouverner... La nomenklatura qui règne sur la France depuis les années soixante-dix est fatiguée. Son règne sans partage, qui avait quelques inconvénients mais aussi des avantages, tel le service, sincère, de l'intérêt général, est doublement remis en cause depuis quelque temps.

Introduction

D'une part, le périmètre de l'État n'a cessé de se réduire sous le double effet du mouvement de privatisations et de l'introduction de l'euro. Que reste-t-il par exemple du pouvoir dont disposait le gouverneur de la Banque de France, jadis grand sorcier de la politique monétaire et des taux d'intérêt ?

D'autre part et surtout, le culte du veau d'or est venu dévoyer une partie de cette nomenklatura. Hier, elle s'efforçait d'accomplir, avec arrogance certes, la mission de service public qui lui était confiée. Aujourd'hui, on n'en est plus là. Les rémunérations faramineuses offertes par les groupes privés ont creusé l'écart entre ceux qui gèrent les affaires publiques et les grands patrons. Dans un dîner en ville où se côtoient politiques, hauts fonctionnaires et banquiers, les écarts de revenus peuvent aller de un à cinquante. C'est-à-dire beaucoup plus qu'entre un ouvrier et un cadre supérieur. Ces différences ont engendré de sourdes jalousies, d'autant plus dévorantes qu'elles relèvent du non-dit.

Une grande partie des élus et des ministres n'a pourtant plus d'autre choix que d'essayer de « tenir » à tout prix. Car la politique est devenue un métier, leur métier, le seul qu'ils sachent exercer puisqu'ils n'ont rien connu d'autre. Alors, ils s'accrochent. Cette médiocratie au pouvoir ignore le courage politique, préfère à toute autre attitude les coups de menton et s'ingénie à ne pas faire de vagues. Pour « tenir », comme dirait le Premier ministre Manuel Valls, « c'est pas facile », selon la formulation stupéfiante du Président lors de sa conférence de presse du 18 septembre 2014.

Au lieu de réformer, nos oligarques désormais miment l'action. Au lieu de trancher, ils mettent en

« Ça tiendra bien jusqu'en 2017 ! »

scène des non-décisions. Au lieu de penser, ils simulent la réflexion. Surbriefés par des conseillers en communication qui n'ont en tête que l'apparence et le court terme, ils se moquent de nous. Ils feignent d'être les organisateurs d'un système qui les dépasse. Ils font semblant de diriger. Et quand ils agissent vraiment, ce qui arrive parfois, c'est encore pire.

Nous avons sous les yeux une réalité que nous ne voulons pas voir : le pays n'est plus gouverné.

I.

ILS FONT SEMBLANT DE GOUVERNER...

1

Le voyage en Amérique

Depuis Chateaubriand et Tocqueville, et surtout depuis que les États-Unis sont devenus puissance impériale, le voyage en Amérique est un « must » pour les chefs d'État français. Le problème, toutefois, c'est de ne pas s'y ridiculiser et entraîner dans la foulée le discrédit du pays qu'on représente. François Mitterrand, à peine élu, avait fait forte impression sur Ronald Reagan, très éloigné idéologiquement de lui, en lui livrant le nom de Farewell, une taupe soviétique qui avait proposé sa collaboration aux services secrets français. Jacques Chirac avait marqué les esprits en répondant en anglais aux questions du journaliste-vedette Larry King sur CNN[1].

Voilà pour la défense d'une certaine élégance française, qui, quoi qu'ils en disent, continue d'impressionner les Américains. Ensuite, il faut bien le dire, le niveau baisse. En 2007, Nicolas Sarkozy passe ses premières vacances présidentielles à Wolfeboro, dans le New Hampshire, ce qui représente en soi une faute de goût quand on vient d'accéder à l'Élysée : des Ardennes aux Cévennes, les lieux de villégiature ne manquent

---
1. Le 23 octobre 1995.

Ils font semblant de gouverner...

pas pour goûter les joies du terroir. Le séjour se termine mal quand Laura et George W. Bush invitent les Sarkozy à déjeuner dans leur propriété de Kennebunkport. Cécilia ne veut pas venir ! Son mari est contraint de prétexter une angine imaginaire. Il arrive seul et en retard chez ses hôtes. Pendant ce temps, sa femme est photographiée en train de faire du shopping... Le scandale est immédiat.

En février 2014, la France a l'occasion de se rattraper : François Hollande est invité par Barack Obama pour une visite d'État, la formule la plus prestigieuse dans l'ordre protocolaire, à laquelle son prédécesseur n'avait pas eu droit. Arrivée le lundi 10 février à la base aérienne d'Andrews, souper dans l'intimité avec Barack et Michelle, réception officielle à la Maison Blanche le lendemain, dîner d'État de trois cents couverts, départ pour San Francisco aux aurores mercredi, retour à Paris le jeudi. Tout a été préparé depuis des mois.

Mais avant même que l'Airbus présidentiel ait atterri sur le sol du Maryland, il apparaît que le voyage officiel le plus prestigieux du quinquennat va tourner à la farce.

Le ridicule commence à s'abattre sur la France un mois auparavant, le vendredi 10 janvier. Ce jour-là, un mois exactement avant le début du voyage en Amérique, le magazine *Closer* publie les photos du président de la République qui marche la tête équipée d'un casque intégral. La suite est connue. Mais la répudiation de Valérie Trierweiler provoque des soubresauts jusqu'à la Maison Blanche : elle va donner la migraine au « social secretary », l'équivalent du chef du protocole.

Très organisés, les Américains ont déjà imprimé des centaines de cartons d'invitation pour le dîner de gala. Quand ils apprennent que la « First girlfriend » a disparu de l'écran radar, ils doivent tout jeter à la poubelle et recommencer. Et puis, que faire du chef de l'État français le soir de son arrivée ? Pas question d'un dîner à trois, ce serait grotesque. Heureusement que Christine Lagarde, la patronne du FMI, se trouve à Washington, et non dans un de ses nombreux voyages autour de la planète. Elle est réquisitionnée à la dernière minute pour distraire le Président, et parvient même à enrôler son homologue de la Banque mondiale. Les Obama, eux, peuvent souper en famille.

Côté français, avant même le début du voyage, le vaudeville s'amplifie et l'embarras le dispute à la malchance. Pour préparer cette visite, une vidéoconférence avec l'Élysée est organisée avec les médias depuis l'ambassade de France à Washington. Il s'agit de projeter l'image éternelle de la grande France grâce au flamboyant Président Hollande s'imposant dans le concert des nations. L'opération tourne au fiasco. La technologie française abdique : pas d'image et un son de mauvaise qualité. Quelques jours plus tard, dans la dernière ligne droite, l'ambassadeur de France, François Delattre, et son porte-parole essaient de se rattraper. Ils reçoivent de nouveau les journalistes pour un briefing « off the record ». Le principe de ce genre de rencontre consiste à donner des éléments d'information solides qui ne pourront en aucun cas être attribués ou faire l'objet d'une citation. On ne rapporte rien d'un briefing « off ». Mais à cette occasion, les reporters américains écarquillent les yeux : il n'y a pas de règle à briser puisqu'il n'y a rien à raconter ! Même le lieu du dîner avec Christine Lagarde n'est pas divulgué, comme s'il s'agissait d'un secret d'État. Mais qu'ont-ils donc à cacher ? Rien en vérité.

Ce jour-là, à l'ambassade de France, un éléphant invisible trône au milieu de la pièce. Il se nomme « première

Ils font semblant de gouverner...

dame », ou encore « cavalière ». François Hollande va-t-il venir seul ou accompagné ? Parce que les deux diplomates refusent de répondre à cette question simple en regardant leurs chaussures d'un air gêné, la machine à fantasmes se met immédiatement en marche dans la pièce.

Dès ce moment, il apparaît que pour François Hollande, ravi de découvrir le vaste monde, ce voyage qu'il a préparé avec soin va mal tourner.

Pendant l'hymne national...

Le lundi après-midi, l'Airbus présidentiel se pose enfin sur la base aérienne d'Andrews, où est stationné de manière permanente le mythique Air Force One. Le monarque républicain et sa suite – quatre-vingts personnes tout de même, ministres, conseillers, élus et chefs d'entreprise invités – descendent de l'avion. Les hymnes nationaux des deux pays retentissent tandis que la délégation française chemine. L'instant est solennel pour tout le monde. Enfin, presque. Jean-Paul Huchon, le président de la région Île-de-France, trottine, pas gêné, en grande conversation sur son téléphone portable, sous l'œil consterné de l'assistance.

Est-il lui aussi en train d'intriguer pour avoir sa place au dîner de gala ? Personne ne le reconnaît en effet mais une lutte sourde a commencé bien avant que l'appareil quitte l'espace aérien français. L'enjeu : assister au dîner d'État à la Maison Blanche, saluer en personne Barack Obama en smoking ainsi que son épouse en robe longue. Et pouvoir dire, en rentrant au pays, l'air de rien : j'ai dîné avec le président des États-Unis. Il y aura certes trois cents invités mais qu'importe. Chaque convive connaîtra sa minute de gloire à l'entrée, quand

Le voyage en Amérique

les maîtres de maison souhaiteront personnellement la bienvenue à chacun.

La difficulté, qui donne une idée de la haute estime dans laquelle est tenue la France, c'est qu'à peine trente couverts lui ont été attribués, ce qui fait peu. L'assistance, sous la tente dressée sur la pelouse, sera surtout composée d'Américains qui ont contribué financièrement à la dernière campagne d'Obama, et qu'il faut bien remercier. La délégation française, dans ce scénario, joue les utilités.

Dès le lundi soir, Aquilino Morelle met par avance les bouchées doubles. Celui qui est alors conseiller politique de François Hollande ne sait pas encore qu'il devra démissionner deux mois plus tard pour cause de chaussures (trop) bien astiquées. Mais il est déjà évident qu'il ne déteste pas le luxe. Il convie les journalistes politiques français à dîner – off, bien sûr ! –, mais pas n'importe où : au Mandarin Oriental, l'un des palaces les plus chers de la capitale fédérale où dort le Président en visite. Question à deux mille dollars : qui a payé l'addition ?

Mais les héros sont fatigués par le décalage horaire et le lendemain, une longue journée les attend.

« Je suis première dame de France ! »

Le mardi 11, à 9 heures du matin, le soleil brille déjà mais un vent froid souffle sur la Maison Blanche. Les invités de François Hollande, ministres compris, attendent dignement l'apparition des deux Présidents. Tous ? Non, Jean-Paul Huchon, encore lui, manque à l'appel. Terrassé par une panne d'oreiller, il erre dans

Ils font semblant de gouverner...

les couloirs de l'hôtel Sofitel quand les vingt et un coups de canon sont tirés en l'honneur des invités français.

Tandis que Barack Obama souhaite la bienvenue à son hôte, en français, s'il vous plaît, et que celui-ci lui répond par quelques considérations sur la météo dans un anglais de cuisine, le personnel s'active déjà dans les coulisses de la Maison Blanche. Une vraie ruche ! Cette visite donne décidément du fil à retordre aux collaborateurs de Barack Obama.

Établir le plan de la table d'honneur relève de la mission impossible. Qui sera la cavalière de François Hollande ? Personne ne sait répondre à cette question. À défaut de première dame française, ce pourrait être la ministre la plus âgée dans le grade le plus élevé. La gagnante est donc... Nicole Bricq, ministre du Commerce extérieur. Que de malchance ! Encore un couac. Cette ancienne sénatrice socialiste de Seine-et-Marne ne parle presque pas anglais. Eh oui ! C'est aussi cela l'exception française : la personne qui, au gouvernement, est chargée de promouvoir son pays à l'étranger ne maîtrise pas la langue des échanges internationaux.

Le soir venu, au-dessus des nœuds papillon et des robes longues virevoltantes, les regards se tournent vers la table magique. François Hollande sera placé entre Michelle et Barack, mais qui tiendra le rôle dévolu d'ordinaire à la première dame française ? Les initiés n'en croient pas leurs yeux. C'est Stephen Colbert, l'un des animateurs de shows télévisés les plus appréciés des bobos américains, qui se retrouve à la droite de Michelle. Le pari est osé et ressemble à un camouflet pour François Hollande. Au moment du « Valériegate », quelques semaines auparavant, l'animateur s'est livré à un sketch aussi désopilant que ravageur sur les qualités de « mâle alpha » du Président hexagonal. Cinq minutes dévastatrices durant

Le voyage en Amérique

lesquelles il a réussi à le comparer à Quasimodo pour ses sourires grimaçants sur certaines photos et à Silvio Berlusconi pour son côté bunga bunga avant de tenter une audacieuse transposition : « Si on y réfléchit, en 1998, notre première dame aurait été Monica Lewinsky. »

Personne ne parvient à croire à une telle provocation. Ni l'entourage de François Hollande, puisque le nom de Stephen Colbert ne figurait pas sur la liste envoyée, ni l'invité-surprise lui-même : quand la First Lady lui a dit, en lui souhaitant la bienvenue, qu'il serait son voisin de table, l'animateur s'est contenté de rire de cette bonne blague. Les commentaires vont bon train : que s'est-il passé ? En vérité, il semble bien que Michelle ait eu peur de s'ennuyer à côté d'un voisin qui ne lui a pas paru, sur le dossier qu'on lui a fait passer, aussi drôle que le pensent les journalistes politiques français.

Personne évidemment, et surtout pas les Obama, ne peut douter que Stephen Colbert mettra à profit ce dîner presque parfait pour amuser les téléspectateurs. C'est chose faite dans les jours qui suivent. Le cavalier de Michelle Obama est sur tous les plateaux de télé. Il raconte à qui veut l'entendre combien il a été sidéré de recevoir une invitation. A-t-il parlé à François Hollande ? Un peu, mais il n'a rien compris à ce que le chef d'État lui disait ! Il a donc simplement répondu : « Merci, monsieur. » « Il avait l'air ravi, ajoute Stephen Colbert. Je me suis bien foutu du Président français. »

Quelques jours passent encore avant que dans son « Daily Show » l'humoriste récidive dans le « French President bashing ». Il montre les photos de la tablée de droite à gauche : Barack, François, Michelle et... la première dame, c'est-à-dire lui. Et de s'esclaffer : « Je suis la première dame de France. C'est un grand honneur ! »

Ils font semblant de gouverner...

Dans n'importe quel pays évolué, la presse aurait rendu compte de cette humiliation et de la soumission de la victime. Imagine-t-on d'ailleurs l'excellent Président Obama infliger un tel traitement de choc à Vladimir Poutine ou à Angela Merkel ?

Caprices à la française

Évidemment, tout le monde croit que c'est amusant, excitant, gratifiant, ces voyages officiels. Mais c'est surtout fa-ti-gant. À peine remise des émotions de la veille, la délégation doit s'envoler aux aurores pour San Francisco. Objectif ? Inaugurer le fer de lance de la technologie française dans la Silicon Valley. Un dispositif tellement ébouriffant qu'il n'y a pas de mot pour le désigner dans la langue de Molière. Cela s'appelle donc le « French Tech Hub », une sorte de pépinière d'entreprises alimentée par l'argent du contribuable.

En l'espèce, c'est la Banque publique d'investissement qui finance et l'Agence régionale de développement (ARD) d'Île-de-France qui pilote. Voilà qui explique la présence dans la délégation de Jean-Paul Huchon, l'homme qui téléphone pendant les hymnes nationaux et qui est en pyjama pendant les cérémonies officielles. Le choix de l'ARD peut surprendre. Il s'agit d'une bureaucratie dirigée par un ancien banquier mutualiste dont le dernier bilan d'activité date un peu puisqu'il remonte à la période 2001-2007. On est loin de l'esprit Silicon Valley !

Après cette inauguration en grande pompe, le fameux French Tech Hub ne fera d'ailleurs guère d'étincelles : un partenariat avec la région Aquitaine, déjà annoncé lors de la visite présidentielle, un espace de « co-working »

Le voyage en Amérique

et un guide des bonnes pratiques pour les entreprises du secteur de la santé. Pas de quoi déplacer une délégation !

Mais tout est bon pour se rendre aux États-Unis. Même s'ils prétendent être en permanence débordés, rogner sur leurs heures de sommeil pour faire avancer les dossiers, aucun de nos oligarques politiques ne passerait son tour. Les services de l'ambassade de France ne connaissent jamais de répit. Une visite chasse l'autre, et chacune d'entre elles doit comporter des rendez-vous ronflants, et surtout une conférence de presse réussie. La résidence de l'ambassadeur accueille avec bonhomie ces événements qui souvent n'en sont pas. Au point que les conseillers de presse sont quelquefois obligés de relancer les correspondants français installés sur place pour leur demander l'aumône de leur présence. Parfois en vain.

Début juin 2015, à l'occasion de l'arrivée de l'*Hermione*, réplique de la frégate de La Fayette, sur la côte est des États-Unis, Jean-François Copé s'est ainsi invité en qualité de président du groupe d'amitié France-États-Unis. Jusqu'au dernier moment, les courriels s'accumulent dans les boîtes de réception des journalistes pour les implorer de bien vouloir se rendre au point presse de l'ancien président de l'UMP. Finalement, il faut annuler... faute de participants.

Ce ne sont pas seulement les ministres des Finances, de la Défense ou des Affaires étrangères qui prisent les rives du Potomac. Pour ne citer que lui, Pascal Canfin, éphémère ministre vert délégué au Développement durable, manifestement indifférent à son bilan carbone, s'y est rendu cinq fois durant la seule année 2013 !

Vive le tourisme d'État, donc ! Le voyage en Amérique est un élément de prestige et de contentement de soi. Il coûte cher au contribuable ? Et alors ? Les caisses de l'État sont là pour ça, non ?

2

Arrosage automatique à Matignon

Le petit mot posté sur le site internet du Moulin est sobre, même s'il n'évite pas les répétitions : « Avec tous mes remerciements. Je tenais à vous remercier chaleureusement de l'accueil que vous m'avez réservé et vous dire tout le plaisir que j'ai eu à vous rencontrer. Je garde le meilleur souvenir de ce séjour parmi vous, dans ce gîte que vous avez eu à cœur de créer. » Signé : « Manuel V. »

Le Premier ministre aime les voyages, lui aussi. Et c'est un homme bien élevé. Deux mois après sa visite, il envoie une lettre de château au patron de ce petit gîte rural perdu au cœur des Bauges, en Savoie. Une demeure certes spartiate (c'est une ancienne grange) mais, c'est le site internet de l'Office de tourisme qui nous l'apprend, qui dispose tout de même d'une table de ping-pong.

C'est là, à La Compôte (deux cent quarante habitants), non loin de Chambéry, que « Manuel V » a choisi de dîner en compagnie d'une dizaine d'éleveurs de montagne et de Stéphane Le Foll, son ministre de l'Agriculture, puis de passer une nuit. Pour que la photo soit réussie, le service de presse a préparé la séquence du Premier ministre dans les moindres détails : à table, il faut impérativement servir la spécialité locale, la matouille, de la tomme des Bauges fondue avec des pommes de terre et de la charcuterie – quelque chose de léger. Il faut aussi un peu de vin de Savoie mais surtout pas de champagne. Pas de nappe, la table en bois et son allure « rustique », c'est très bien comme ça. Un feu dans la cheminée est indispensable. Et qu'importe si, en ce mois d'octobre 2014, la météo est particulièrement clémente. Pour les caméras, cela fait plus authentique.

Les efforts du propriétaire qui s'est prêté de si bonne grâce aux exigences de la communication gouvernementale valaient donc bien un petit mot. Quant aux éleveurs qui ont dîné avec le chef du gouvernement, ils sont contents de leur soirée. Ils ont eu droit à leur petit cadeau dès le lendemain. Après la traite dans une exploitation laitière au petit matin puis la visite d'un lycée agricole, le Premier ministre a fait un discours devant le congrès des élus de montagne à Chambéry.

Un discours ? Une distribution de cadeaux plutôt. Il est venu avec une hotte bien pleine. La prime à l'installation des jeunes agriculteurs de montagne ? Elle est majorée. L'aide aux investissements de ces valeureux exploitants ? Majorée elle aussi. Le calendrier scolaire ? Adapté pour allonger la saison de ski. Les loups ? « La détresse des éleveurs, et le mot est faible, victimes du loup et des prédateurs, doit être prise en compte. » Mais attention : « Il ne s'agit pas de mettre en cause ces loups par principe, met en garde Manuel Valls. Il s'agit de tenir compte d'une réalité, celle que vivent les éleveurs dans ce territoire. Vous trouverez le gouvernement à votre côté ! » Et là, l'orateur affiche sa fermeté totale : « Il ne faut pas de démagogie et il ne faut pas opposer encore une fois l'environnement, l'écologie et la réalité économique. » Roulements de tambour. Manuel Valls annonce dans la foulée qu'il confie à sa ministre de l'Environnement, Ségolène Royal, le soin de créer une « brigade d'appui » chargée de lutter contre ces prédateurs. Le message est clair : à Matignon, on ne se bagarre pas seulement contre le terrorisme, le chômage et les déficits. On fait aussi la guerre aux méchants loups !

Pourquoi tant de générosité ? C'est tout simple : pour Manuel Valls, « la montagne est l'avenir de la France ». Et peu importe que « l'avenir de la France » soit chez lui une sorte de tic de langage. Il emploie l'expression en toute occasion. Au Creusot, en juin 2014, « l'industrie est l'avenir de la France ». Après l'affaire de la « phobie administrative » de Thomas Thévenoud, « l'exemplarité des élus est l'avenir de la France ». Un peu plus tard, « les élus intercommunaux », « la LGV Tours-Bordeaux », « l'Europe », « la ruralité », « les élèves »… sont eux aussi « l'avenir de la France ». Et pas le loup ?

En réalité, chacun des déplacements du Premier ministre est l'occasion de célébrer « l'avenir de la France » à grands coups de cadeaux. En novembre 2014, au lycée professionnel Robespierre de Lens, en compagnie de Najat Vallaud-Belkacem, il débloque 50 millions d'euros contre le décrochage scolaire. Un mois plus tard, en visite à Nantes, c'est une rallonge de 71 millions d'euros pour les Pays de la Loire. En décembre 2014 toujours, à Brest cette fois, il fait le compte de tout ce que l'État donne à la région Bretagne : « Les subventions publiques dépasseront 3 milliards d'euros sur les six prochaines années. » D'ailleurs, il n'arrive pas les mains vides, et signe un chèque de 1,5 million d'euros pour les gentils sauveteurs en mer.

Arrosage automatique à Matignon

En février 2015, à Mont-Saint-Aignan (Haute-Normandie), allez ! encore un petit geste dans le cadre du contrat de plan État-Région. Quelques jours plus tard, c'est à Orléans que Manuel Valls donne un million d'euros pour un projet d'avenir. À Cachan (Val-de-Marne), en mars 2015, il débloque 2 000 euros pour chaque construction de nouveau logement, « qu'il soit social ou privé » dans les petites communes. À l'été 2015, la distribution continue. Au festival d'Avignon, il assure que le budget de la culture augmentera en 2016. Les agriculteurs envahissent Paris avec mille cinq cents tracteurs ? Et hop ! 3 milliards seront investis en trois ans. L'association des maires de France n'est pas contente ? Valls promet un milliard d'euros pour les nouveaux investissements… L'arrosage automatique ne s'arrête jamais. Un détail : mais au fait, où est l'argent ?

Tel un seigneur du Moyen Âge parcourant ses terres et accordant ici ou là quelques bourses à ses paysans, le généreux Manuel a les poches pleines quand il est en déplacement. La technique permet de se faire des amis ! Mais pas seulement. Comme les caméras sont convoquées à chaque fois, c'est surtout le moyen de masquer la réalité : les collectivités locales sont au pain sec. Mais, sur les images, les élus sont bien obligés d'afficher un large sourire.

Pour réduire le déficit budgétaire et trouver 50 milliards d'euros d'économies d'ici 2017 (ce sont les engagements de la France), Manuel Valls a notamment ciblé les dotations de l'État aux communes et aux intercommunalités. Entre 2015 et 2017, celles-ci vont perdre 6 milliards d'euros. Il peut bien en redistribuer un peu pour soigner son image et sa popularité. Ailleurs, on appellerait cela du clientélisme ? Quel vilain mot !

Ils font semblant de gouverner...

Les amis, c'est sacré

Le Premier ministre sait surtout choisir les bénéficiaires de ses délicates attentions. Quelques semaines avant les élections départementales de 2014, il a évidemment concentré sa prodigalité sur les départements qui risquaient de basculer à droite. Et puis il ne faut pas oublier les amis, c'est sacré. France Silver Éco est menacé ? Bercy a coupé les vivres à ce centre national, destiné à promouvoir les nouvelles technologies permettant d'améliorer la santé et le vieillissement à domicile, installé… à Évry, la ville dont Valls fut longtemps le maire. Ce n'est pas grave. France Silver Éco reçoit un chèque qui lui permet de prolonger l'aventure, avec le soutien de la Caisse des dépôts et consignations.

Le chef du gouvernement s'est exercé, il est vrai, quand il était au ministère de l'Intérieur. Il avait alors la main sur la plus grosse partie de la réserve ministérielle, une manne d'un peu plus de 10 millions d'euros placée sous le contrôle de la Place Beauvau et que le ministre peut distribuer à qui bon lui semble[1]. Sans surprise, Évry, son fief, a touché plus de 100 000 euros pour « la création d'un marché forain en centre ville sur le parking Léopold-Sédar-Senghor ». Ce qui est évidemment une priorité nationale. Villabé, une ville de la communauté de communes d'Évry, dont il fut le président jusqu'en 2012, a de son côté récolté 40 000 euros pour ériger un centre communal d'action sociale.

---

1. Depuis 2013, la liste des subventions distribuées au titre de la réserve ministérielle est rendue publique ; on peut la consulter sur le site du ministère de l'Intérieur : www.interieur.gouv.fr/Publications/Subventions.

Arrosage automatique à Matignon

Le département de l'Essonne n'a pas été oublié non plus. Thierry Mandon, député de la 9ᵉ circonscription jusqu'à son entrée au gouvernement, a ainsi eu la joie de recevoir en 2013 deux subventions de 40 000 euros. L'une pour le remplacement des menuiseries de l'hôtel de ville de Soisy-sur-Seine, l'autre pour « la restauration des toitures de l'habitation et des écuries de la ferme de Jarcy » à Varennes-Jarcy. Au ministère de l'Intérieur, Manuel Valls a même donné un petit coup de pouce financier (de 150 000 euros tout de même) à un élu UMP de son département qui voulait une piscine dans sa commune. Pas de sectarisme, donc, la générosité d'abord. Surtout quand elle s'effectue sur fonds publics.

Les heureux bénéficiaires de telles largesses ne sont pas des ingrats. Marc-Antoine Jamet par exemple. Cet énarque partage son temps entre de hautes responsabilités chez LVMH et sa ville de Val-de-Reuil, dans l'Eure, dont il est le maire socialiste depuis 2001. En décembre 2013, deux jours avant Noël, il apprend par courrier que Manuel, un ami de longue date, a débloqué une enveloppe de 49 320 euros pour équiper sa commune de caméras de surveillance. Puis, une fois installé à Matignon, son bienfaiteur lui propose de l'accompagner en Chine.

Pendant tout le voyage, en janvier 2015, Marc-Antoine Jamet n'arrête pas de tweeter. Plus d'une centaine de messages et de photos pour immortaliser les pas du Premier ministre dans l'empire du Milieu. Tout y passe : la photo d'une jolie serveuse lors d'un dîner officiel, des poissons rouges dans un bocal. Et surtout des éloges : Manuel Valls « est juste » quand il fait un discours. Il est « convaincant ». « Il court », « il n'arrête pas ». « Sur l'économie, il est très bien », les Chinois sont « passion-

Ils font semblant de gouverner...

nés par les propos de Valls ». Et d'ailleurs « ce grand Premier ministre a tenu notre rang de grande puissance face à la Chine ». Une telle pluie de compliments valait bien une subvention aussi généreuse.

Finalement, ce n'est peut-être pas si compliqué de gouverner la France : un avion, une descente sur le terrain, quelques annonces, des cadeaux, retour à Paris... et ça tiendra bien encore un moment comme ça, non ?

3

Le concours de pauvreté

« L'idéal, c'est quand on peut mourir pour ses idées. La politique, c'est quand on peut en vivre », estimait Charles Péguy. Aujourd'hui, il serait bon de préciser : en vivre caché. Plus les oligarques qui gèrent le pays s'éloignent du monde réel, malgré leurs brèves incursions en milieu hostile, chez les vraies gens, plus ils veulent faire croire au peuple qu'ils lui ressemblent. Pas question, donc, d'assumer des origines bourgeoises, un patrimoine important ou même des revenus forcément plus élevés que celui de la moyenne des Français. Un ministre gagne près de 10 000 euros par mois, en dehors des multiples avantages en nature dont il dispose. C'est cinq fois plus que le salaire médian en France.

Et là, gouverner, tout à coup, n'est plus si facile : il s'agit de faire oublier propriétés, montres de collection, bolides, actions et autres fâcheux signes de richesse !

Laurent Fabius, héritier d'une famille d'antiquaires fortunés, est plutôt sur ce point une exception : il n'a jamais caché, lui, qu'il était assujetti à l'impôt sur la fortune. Un temps, quand il entendait se situer à l'aile gauche du Parti socialiste, il a bien tenté quelques artifices, comme cet amour des carottes râpées qu'il a proclamé dans un livre publié en 2003[1]. L'âge venant, le ministre des Affaires étrangères affiche une aisance décomplexée : costumes de marque et de prix, investissement dans une société de vente aux enchères en compagnie de quelques amis banquiers… Il est assez isolé. La règle générale, à gauche comme à droite, est simple : mieux vaut faire pitié qu'envie.

Pour parvenir à ce résultat, certains brandissent des symboles affligeants pour faire comprendre aux foules supposées crédules qu'ils sont des leurs, d'autres n'hésitent pas à mentir, et les plus hardis le font sous serment. Prêts à tout, donc, même au parjure, pour jouer aux pauvres…

Défaitisme et trous de mémoire

Arnaud Montebourg appartient à toutes ces catégories à la fois. Il faut le voir quand il fait l'ascension du Mont-Beuvray pour y retrouver une partie des frondeurs socialistes, en mai 2015. Il a tout l'équipement du randonneur de base, y compris le sac à dos rempli de charcuterie. Et lorsqu'on lui demande pourquoi il a choisi de devenir cadre dirigeant chez Habitat, la réponse fuse : il faut bien faire bouillir la marmite. Une attitude de Français moyen qui contraste avec celle du conférencier sans frontières déjeunant dans un restaurant branché de New York.

Jean-Marie Le Guen, le secrétaire d'État chargé des Relations avec le Parlement, fait quant à lui preuve de défaitisme en matière d'investissement dans la pierre.

---

[1]. *Cela commence par une balade*, Plon, 2003.

Le concours de pauvreté

Dans la déclaration qu'il a remplie en avril 2014, « les biens et droits immobiliers détenus par l'intéressé étaient évalués à des montants inférieurs au prix constaté pour des biens comparables ». Qui le dit ? La Haute Autorité pour la transparence de la vie publique (HATVP), qui dispose de pouvoirs de contrôle sur les déclarations des responsables politiques depuis l'affaire Cahuzac. Ah ! Ce Cahuzac ! C'est à cause de lui que toutes ces tracasseries accablent le personnel politique ! Impossible d'échapper aux regards inquisiteurs, maintenant qu'il faut faire œuvre de transparence. Au PS comme ailleurs, personne ne lui dit merci. Et surtout pas Jean-Marie Le Guen. Car une remarque comme celle qu'il a essuyée de la part d'une Haute Autorité peut mener loin : si l'intéressé ne fait pas amende honorable, il peut faire l'objet d'un signalement auprès du procureur. Dans tous les cas, il est passible d'un redressement dans le cadre de l'impôt sur la fortune. Démasqué, le secrétaire d'État a préféré modifier aussitôt ses déclarations à la hausse.

Cela vaut mieux que de devoir démissionner comme l'ancienne ministre de la Francophonie Yamina Benguigui, pour avoir oublié, c'est trop bête, les parts qu'elle détenait dans une société de production belge opportunément baptisée Bandits qui a financé l'essentiel de ses films.

Le charme discret des SCI

Manuel Valls, lui, a trouvé la parade sous la forme d'un astucieux montage financier. Astucieux, mais parfaitement légal. Voici le dispositif. Article 1 : il est marié avec Anne Gravoin sous le régime de la séparation de

Ils font semblant de gouverner...

biens. Article 2 : ils sont tous deux actionnaires d'une société civile immobilière (SCI), qui est elle-même propriétaire de l'appartement qu'il occupent tout près de la Bastille à Paris. Article 3 : le Premier ministre ne détient qu'une seule des cent actions de cette société, les quatre-vingt-dix-neuf autres étant au nom de son épouse. Il est donc... pauvre. Du moins sur le papier. Dans la déclaration qu'il a remplie après avoir formé son premier gouvernement, au printemps 2014, il apparaissait comme propriétaire d'un appartement à Évry, sa ville d'élection, et d'un autre de 44 m^2 à Paris.

Après la formation de son second gouvernement, fin août 2014, sa situation s'éclaircit grâce à ses nouvelles déclarations. Manuel Valls a vendu son appartement d'Évry, et le produit de cette vente a surtout servi à le désendetter. Par ailleurs, le modeste logement parisien continue d'apparaître. Mais *Charlie Hebdo* a eu la bonne idée d'aller consulter le cadastre pour en savoir plus. Le deux-pièces n'est en fait qu'une partie d'un ensemble... cinq fois plus vaste. Avec cette quote-part de 1 % de la SCI, le Premier ministre ressemble presque à un Français moyen.

Au grand concours de pauvreté, Najat Vallaud-Belkacem se montre elle aussi créative. Elle ne possède tellement rien qu'elle est obligée de mentionner le meuble le plus insignifiant pour ne pas rendre feuille blanche. À la rubrique « biens mobiliers divers », elle énumère : lits (un adulte, deux enfants), tables (trois), canapé (un), fauteuils (deux), chaises (dix), réfrigérateur, machine à laver, et tout de même quelques bijoux. Elle n'a donc ni cuisinière ni four à micro-ondes ? Avec deux enfants en bas âge, la vie quotidienne doit être un peu compliquée... Et puis, elle a aussi un scooter, d'une valeur de

Le concours de pauvreté

500 euros. Voilà. On sent que ce questionnaire ne lui a pas beaucoup plu.

Christiane Taubira, ministre de la Justice, est propriétaire foncier : cinq terrains et une maison en Guyane, le tout évalué à 255 000 euros. Ce qui ne l'empêche pas de mentionner avec un luxe de détails – dont la marque et la date d'acquisition – les quatre bicyclettes sur lesquelles elle aime à poser devant les caméras. Pourtant, ces vélos ne valent au total, selon elle, que 400 euros. C'est à se demander si certains ministres ne prennent pas un malin plaisir à détourner l'esprit de la loi sur la transparence, dans le double but de veiller à leur image et de ridiculiser l'exercice.

« Une maison en Seine-Saint-Denis »

Ces nouvelles dispositions prises dans le sillage de l'affaire Cahuzac n'ont pas été du goût de tous les responsables politiques. Ainsi Claude Bartolone, profitant de sa tribune de président de l'Assemblée nationale, s'est-il opposé avec la dernière énergie à l'obligation de rendre public son patrimoine. Interrogé sur le sujet, il se contentait de répondre qu'il possédait « une maison en Seine-Saint-Denis ». Pas de quoi faire fantasmer. Il a fallu que *Le Canard enchaîné* se renseigne plus avant pour qu'on comprenne qu'il ne s'agissait pas d'un pavillon de banlieue coincé entre deux barres HLM, mais d'une « villa urbaine », dans le très bobo Pré-Saint-Gervais, dont la surface atteint 380 m². C'est même une des têtes de gondole du cabinet d'architecture qui en a dessiné les plans en 2003 : une terrasse perchée, à l'abri des regards, avec vue imprenable sur la capitale, un coût des travaux non communiqué. « La notoriété

Ils font semblant de gouverner...

du client, explique la fiche technique, conditionne une relative discrétion de la façade principale sur la rue […]. Si la commande sur rue bridait la libre expression, une large quête de vue et de lumière était attendue côté jardin. »

François Fillon n'aime pas non plus ce « voyeurisme », selon l'expression qu'il emploie. Un voyeurisme qui le gênait moins quand il posait pour *Paris Match,* quelques mois auparavant, avec sa famille et son tracteur devant sa demeure sarthoise. Cette curiosité est pourtant considérée comme parfaitement naturelle dans nombre de pays, des États-Unis à la Suède, où les élus comme l'opinion estiment qu'il s'agit là d'une concession minimale à la transparence pour qui veut représenter ses concitoyens.

Malgré son aversion pour ce procédé, François Fillon décide de dévoiler son patrimoine sur France 2, début avril 2013, soit une semaine avant que les membres du gouvernement Ayrault soient obligés de faire de même. « Je suis propriétaire d'une maison dans la Sarthe, achetée il y a vingt ans 440 000 euros. J'ai moins de 100 000 euros d'épargne et j'ai deux voitures qui ont plus de dix ans. Ma maison, je l'ai achetée 440 000 euros en empruntant, aujourd'hui je pense qu'elle vaut à peu près 650 000 euros. C'est mon seul patrimoine. » Il reste à se demander si, au vu des photos publiées, des candidats spontanés à l'achat de cette gentilhommière se sont présentés en masse, flairant la bonne affaire...

Et Laurent Wauquiez, le jeune prodige décomplexé de la droite dure, major de l'ENA et de l'agrégation d'histoire ? Un Petit Chose sorti du rang, à en croire sa légende. Il assure avoir fréquenté un obscur collège de province, en oubliant qu'il était élève à Victor-Duruy, l'un des lycées parisiens les plus huppés, situé dans le 7e arrondissement. Il prétend que son père était employé alors qu'il dirigeait une banque, comme le racontent Ariane Chemin et Alexandre Lemarié dans un portrait assassin publié dans *Le Monde*[1].

En obliquant encore sur la droite, c'est la famille Le Pen qui apparaît. Marine se présente comme l'amie du peuple, entretient sa gouaille, raille les capitalistes et les possédants. Mais au fait, où a-t-elle grandi et continué d'habiter une fois parvenue à l'âge adulte ? Dans la très charmante propriété familiale de Montretout, sur les hauteurs de Saint-Cloud. « Ça me rappelle Beverly Hills. Une belle baraque un peu rétro, du genre *Psychose* », avait dit avec beaucoup d'esprit Raymond Depardon, venu photographier le patriarche de la famille, candidat à la présidentielle en 1988. Jean-Marie Le Pen en a hérité, dans des circonstances controversées, du riche cimentier Hubert Lambert, un alcoolique illuminé qui voyait en lui le sauveur de la monarchie. Une vaste demeure de onze pièces, et, au fond du parc arboré, avec vue panoramique sur la capitale, des écuries restaurées pour y accueillir Marine et ses enfants. On est assez loin des corons ! La présidente du Front national est restée dans cet univers feutré jusqu'en octobre 2014. Mais la maison n'a pas été désertée trop longtemps, puisque sa nièce Marion y a emménagé entre-temps. Bien obligée, celle-ci reconnaissait à l'été 2015 dans les colonnes du *Point* : « Je suis une bourgeoise gâtée. Ça me manque de ne pas avoir connu le manque. » On en pleurerait presque.

De l'extrême droite à la gauche bobo, ils ont une passion pour la dissimulation. Au risque de se moquer de nous.

---

1. *Le Monde*, 21 mai 2015.

4

Ces apprentis qui nous gouvernent

Mardi 14 mars 2012. Sur le Champ-de-Mars de Valence, une foule tranquille attend la venue du candidat Hollande, qui n'a pas encore goûté aux charmes des visites d'État. Le voilà qui arrive, tout droit venu de Marseille, et s'installe devant son lutrin. Il démarre fort, sur sa nouvelle proposition-vedette : la taxation à 75 % au-dessus du million d'euros de revenus. Puis il ironise sur son principal adversaire, le Président sortant, qui a déclaré quelques jours plus tôt avoir beaucoup appris en cinq ans : « Un quinquennat, lance-t-il, n'est pas un stage d'apprentissage. » Succès garanti. Sauf que cette phrase malheureuse, destinée à commenter le passé, va se révéler prémonitoire.

Sous la houlette de Jean-Marc Ayrault, le gouvernement d'apprentis s'en prend en effet, dès l'été 2013, ... aux apprentis. Dans le cadre du « choc de simplification » annoncé en janvier par le président de la République, le Premier ministre annonce, six mois plus tard, quelques coupes budgétaires. Son dévolu ne s'abat pas sur la masse salariale de l'État, pas plus que sur les organismes inutiles. Non, il frappe un dispositif qui a fait ses preuves chez nos voisins, notamment en Allemagne, et dont on sait bien depuis longtemps, qu'il constitue un chemin d'accès à l'emploi pour les jeunes insuffisamment développé en France. Mais Jean-Marc Ayrault l'annonce crânement : en 2014, l'État dépensera, se félicite-t-il, 500 millions d'euros de moins en supprimant certaines incitations. Ainsi, la prime de 1 000 euros versée à toute entreprise qui embauche un apprenti disparaîtra à partir du 1er janvier 2014, sauf pour les sociétés de moins de onze salariés.

Jean-Marc Ayrault sait que François Hollande s'est engagé, avant comme après son élection, à donner la priorité à l'emploi des jeunes. Il ne peut ignorer non plus la réalité puisqu'il a commandé un rapport[1] qui lui a été remis, ainsi qu'aux ministres de l'Économie et des Finances, du Travail et de la Formation professionnelle, au mois de juin. Mais celui-ci n'a jamais été publié. On sait simplement qu'au moment où Jean-Marc Ayrault s'exprime, le nombre de jeunes en apprentissage a déjà baissé de 8,6 % en 2012 par rapport à 2011. À la même époque, une mission administrative[2] travaille sur les freins non financiers au développement de l'apprentissage. Ce document, qui, lui, a été rendu public, insiste sur « les oppositions idéologiques qui perdurent » et note qu'« une partie des enseignants, fortement soutenue par une partie de la représentation syndicale, continue de manifester une réelle hostilité au développement de l'apprentissage ».

---

1. Rapport conjoint de l'inspection générale des Finances et de l'inspection des Affaires sociales sur les aides financières à la formation en alternance, dont l'apprentissage constitue le gros morceau.

2. Mission conjointe de quatre inspections générales – des Affaires sociales, de l'Administration, de l'administration de l'Éducation nationale et de la Recherche, de l'Éducation nationale.

Ils font semblant de gouverner...

Il n'y a pas que les enseignants et les syndicats ! Au gouvernement aussi, on n'aime pas cette filière. La comparaison entre l'Allemagne et la France, en effet, parle d'elle-même, comme le montre une étude publiée par l'Institut Montaigne[1]. En 2013, le chômage des jeunes atteint 24,8 % en France contre 7,8 % en Allemagne. Il est vrai qu'il y a outre-Rhin trois fois plus d'apprentis.

Un pas en arrière, un pas en avant...

Le résultat des brillantes économies concoctées par le gouvernement ne se fait pas attendre : entre janvier et avril 2014, l'apprentissage et la formation en alternance connaissent une chute vertigineuse : – 14 %.

Mais l'avantage, avec un tel gouvernement, c'est qu'il est capable de progresser. Un an après l'annonce de Jean-Marc Ayrault, tout a changé. C'est désormais Manuel Valls qui est Premier ministre. Début juillet 2014, il prononce le discours de clôture de la conférence sociale. Et là, il annonce « des mesures financières » pour « réussir la rentrée de l'apprentissage ». Il met 200 millions d'euros sur la table et accorde une aide de 1 000 euros par jeune... Bref, il restaure la prime que son prédécesseur avait rayée d'un trait de plume ! L'objectif, proclame-t-il, c'est d'atteindre le nombre de 500 000 apprentis en 2017.

De cette incohérence – une de plus –, il convient de faire comme à l'habitude un grand succès politique.

---

[1]. Bertrand Martinot, « L'apprentissage, un vaccin contre le chômage des jeunes – plan d'action pour la France tiré de la réussite allemande », mai 2015.

Ces apprentis qui nous gouvernent

C'est le travail de l'usine à communiquer du pouvoir, qui se met alors en marche. Et il faut aller vite ! Deux mois plus tard, des Assises de l'apprentissage sont organisées. François Hollande fait un discours dans lequel il déplore avec un aplomb invraisemblable la situation française : « Nous constatons qu'en Allemagne un jeune sur quatre est en apprentissage ; au Danemark, un jeune sur cinq ; en France, un jeune sur huit ou dix[1]. » C'est tout juste s'il ne se demande pas quel stagiaire dirige le pays, lui qui est presque à la moitié de son quinquennat. À partir d'octobre, des spots de publicité sont diffusés à la radio et à la télévision, tandis que les entreprises se voient proposer d'afficher un macaron – oui, un macaron ! – qui proclame : « Ici, on forme un apprenti[2] ». On est passé en quelques mois des bonnes intentions à la farce totale.

Le bon plaisir

Nicolas Sarkozy avait admis un jour, dans un accès de modestie peu coutumier, avoir beaucoup appris en cinq ans. Son successeur et son équipe aussi ! Mais l'apprentissage est difficile ! Pierre Moscovici, durant l'été 2013, s'était dit « très sensible au ras-le-bol fiscal », alors que c'est justement lui que était aux commandes. Comme ministre de l'Économie et des Finances, il était responsable au premier chef des onze milliards d'impôts

---

[1]. L'intégralité de ce discours peut être consultée sur internet à l'adresse suivante : http://www.elysee.fr/declarations/article/discours-lors-des-assises-de-l-apprentissage/

[2]. Le visuel de ce macaron est consultable sur le site du ministère du Travail : http://travail-emploi.gouv.fr/IMG/pdf/macaron-violet.pdf

supplémentaires qui s'étaient abattus sur les Français à peine le nouveau quinquennat commencé.

Le Président Hollande n'a pas été en reste. Agitant la menace d'une taxation à 75 % des revenus supérieurs à un million d'euros par an, il a voulu faire croire que seuls les riches seraient touchés. Il savait bien que c'était faux. Que la déferlante fiscale n'affecterait pas un ménage sur dix, comme il l'avait prétendu, mais une bonne partie de la classe moyenne. À l'arrivée, le Président et les grands cerveaux qui l'entourent ont tout gagné : la supertaxe a disparu pour cause d'annulation par le Conseil constitutionnel, mais il y a quand même un exode fiscal massif et les capitaux fuient la France. Entre 2012 et 2013, les investissements étrangers directs ont ainsi chuté de 77 %, découragés par cette instabilité législative et fiscale. Depuis, François Hollande ne se déplace plus à l'étranger sans essayer de se rattraper. Il câline les grands patrons, minaude devant les fonds souverains et vante à l'envi l'attractivité française qu'il a contribué à flétrir.

Au-delà de la fiscalité, pourtant une spécialité revendiquée par le Président, l'apprentissage continue. Même son point fort face à Nicolas Sarkozy, celui de la morale républicaine, est réduit à néant. Il y a d'abord ses démêlés conjugaux avec une compagne qui ne peut s'empêcher de tweeter à tort et à travers, et qui fait des histoires pour tout. Et que fait le Président ? Rien. Enfin si, il la trompe. Et devient le héros casqué d'un magazine people. Il en profite pour répudier sa compagne par agence de presse interposée. Le vaudeville, pourtant, n'est pas encore à son meilleur. En septembre 2014, paraît *Merci pour ce moment*, livre dans lequel Valérie Trierweiler raconte sans pudeur excessive les neuf années qu'elle a passées auprès de François. L'intéressé, lors de sa conférence de presse de rentrée, choisit une nouvelle stratégie de communication : « pas facile », répète-t-il alors.

Si cette affaire privée étalée sous les yeux du public n'a rien à envier aux aventures sentimentales de Nicolas Sarkozy, la « République exemplaire » tant promise s'évanouit aussi sur le front politique. Jérôme Cahuzac, le ministre du Budget, chargé de traquer les délinquants fiscaux, a depuis longtemps des comptes bancaires à l'étranger. Quand cette information apparaît comme avérée, François Hollande est le dernier à se laisser abuser. Un peu plus d'un an plus tard, l'affaire Thévenoud achève la « République exemplaire ». À quarante ans, le nouveau secrétaire d'État au Commerce extérieur de Manuel Valls est tout content d'entrer au gouvernement. Il y reste neuf jours, jusqu'à ce que la France découvre, effarée, qu'il souffre d'une maladie méconnue, la « phobie administrative », qui l'empêche de payer ses impôts. Vraiment pas facile d'être Président !

On communique d'abord, on réfléchit après

Pendant les scandales, certains ministres continuent pourtant de travailler, ou du moins de faire semblant. Marisol Touraine, ministre des Affaires sociales, tient à sa loi sur la pénibilité, qui se révèle une monstrueuse usine à gaz. Les entreprises doivent attribuer pour chaque salarié une note de un à dix concernant dix critères de pénibilité au travail. On est assez loin du choc de simplification annoncé à grand bruit par le pouvoir au même moment. La loi doit s'appliquer au 1er janvier 2015. Mais l'encre du *Journal officiel* n'est pas encore sèche que les cris d'orfraie se multiplient : inapplicable.

Ils font semblant de gouverner...

La ministre confie donc une mission de « facilitation » et de concertation permanente au magistrat à la Cour des comptes et ancien DRH de Renault, Michel de Virville.

Il est déjà étonnant de commencer à étudier une question une fois qu'elle a été tranchée par la loi. Est-ce vraiment faire œuvre de « facilitation » ? Mais, plus fort encore, Marisol Touraine pousse les feux pour que les décrets d'application soient publiés au plus vite, afin de ne pas retarder ce qu'elle qualifie avec beaucoup de simplicité d'« avancée sociale majeure ».

Sauf qu'en décembre 2014, à quelques jours de la mise en œuvre de la loi, les critiques se multiplient contre des modalités dont la seule lecture donne mal à la tête. Emmanuel Macron, le ministre de l'Économie, comme Thierry Mandon, le secrétaire d'État à la Réforme de l'État et à la Simplification, ne se gênent plus pour le dire. Si bien que Manuel Valls décide de repousser les échéances. Il retarde l'application de six critères sur dix au 1er janvier 2016. Pas facile non plus d'être Premier ministre.

L'amateurisme par idéologie

À l'Éducation nationale, les apprentis, on sait ce que c'est. C'est du moins ce qu'un esprit candide pourrait imaginer. La loi pour la Refondation de l'École signée Vincent Peillon a remis en place en 2013 un Conseil supérieur des programmes (CSP) chargé de définir le contenu de ce que les élèves apprennent de la maternelle à la terminale. Le CSP est une « instance indépendante placée auprès du ministre ». Il s'agit déjà d'un oxymore : indépendante ou à l'ombre du ministre ? Il faut choisir. Najat Vallaud-Belkacem et son cabinet ont

Ces apprentis qui nous gouvernent

vite tranché... pour la seconde solution. Ils rencontrent fréquemment le président de ce cénacle, un géographe qui a dirigé plusieurs universités et a donc toute légitimité pour occuper cette fonction. À ceci près que Michel Lussault, puisque c'est son nom, est également connu pour sa proximité avec le Parti socialiste[1]. Il a, de surcroît, toujours plaidé pour les « pédagogies nouvelles », ce qui n'est pas bon signe dans un ministère déchiré depuis des années par une guerre entre pédagogistes et défenseurs des disciplines. Mais heureusement, il est entouré de personnalités très diverses, parmi lesquelles des parlementaires de la majorité et de l'opposition.

Najat Vallaud-Belkacem a demandé au CSP de revoir tous les programmes, pour tous les niveaux. Une première mouture est dévoilée en avril 2015 et provoque immédiatement une levée de boucliers : en histoire, l'apprentissage des Lumières devient facultatif ; en français, le mot « grammaire » ne figure pas une seule fois dans les documents consacrés au collège, pas plus d'ailleurs que « conjugaison » ou « orthographe » ; en éducation physique, c'est n'importe quoi puisque la piscine devient un « milieu aquatique profond standardisé », un sport de raquette un « duel médié par une balle ou un volant », et l'acrobatie « la construction d'un projet expressif ».

Le document consacré au cycle 4, qui va de la cinquième à la troisième, considère que « l'élève œuvre à la construction de ses compétences », vieux délire pédagogiste, tandis que les langues vivantes permettent de « se familiariser avec des mobilités virtuelles, se préparer à des mobilités physiques ». Devant les pro-

---

[1]. « Je suis socialiste et je ne renie pas mes valeurs », déclarait-il dans une interview à *L'Étudiant,* le 27 août 2010.

testations exprimées par des intellectuels reconnus, la ministre est obligée de reconnaître, avec le sourire, que ces programmes sont encore trop « jargonnants ». En effet. Mais ce n'est pas grave, c'est comme la loi sur la pénibilité : elle va consulter les enseignants puis le Conseil supérieur des programmes sera prié de revoir sa copie... C'est ainsi avec les novices : ils ne réussissent pas du premier coup, mais ils peuvent recommencer, ils sont là pour cela...

Dans la nouvelle mouture remise quelques mois plus tard, certaines extravagances ont disparu, mais pas toutes. Et surtout, le CSP doit pour un temps fonctionner en effectifs réduits. Juste avant la rentrée, Annie Genevard, députée Les Républicains du Doubs, est la quatrième sur dix-huit membres à claquer la porte. Elle s'insurge contre la mainmise du cabinet sur le conseil et de l'emprise idéologique qui préside aux travaux de cette instance. Par deux fois, elle a mis sa démission dans la balance pour éviter des recommandations délirantes.

Ainsi, dans une première version, qui n'a pas été adoptée, les programmes de français recommandaient de respecter la parité entre les auteurs hommes et les auteurs femmes. On imagine la difficulté, pour les professeurs, de trouver des pendants féminins à Corneille, Molière, Racine et La Fontaine...

Les programmes de maternelle aussi l'ont échappé belle. Ils proposaient, là encore dans une version qui est restée confidentielle, une innovation destinée aux enfants de migrants, dont les familles devaient être invitées dans les salles de classe pour parler leur langue d'origine devant les autres élèves, afin qu'ils s'imprègnent de parlers différents. Et fumer la moquette, le président du Conseil supérieur des programmes a essayé ?

Christiane Taubira, au ministère de la Justice, a également multiplié les initiatives plus ou moins heureuses, au risque de devoir reculer. Elle aussi. Avec les avocats par exemple, qu'elle essaie de faire passer auprès de l'opinion pour de gros nantis. Elle veut mettre la main sur cinq millions d'euros en 2016, et dix en 2017 qui appartiennent à leurs ordres professionnels, pour financer l'aide juridictionnelle destinée aux plus démunis. Elle refuse même de recevoir leurs représentants ; puis, devant la mobilisation, elle renonce. Elle annule la ponction et ouvre sa porte à tout le monde. C'est cela aussi l'apprentissage : reconnaître, même tard, que l'on s'est fourvoyé !

L'obsession de la communication

Il est une autre maladie, tout aussi dangereuse pour le professionnalisme et l'esprit de responsabilité : l'obsession de la communication. Mardi 23 septembre 2014, le service de presse du ministère de l'Intérieur n'est pas mécontent : quelques journalistes ont appris, allez savoir comment, que, dans les heures qui viennent, trois djihadistes en provenance de Syrie vont atterrir en France, expulsés par les autorités turques. Et il ne s'agit pas de n'importe qui, puisque se trouvent parmi eux le beau-frère et l'ami d'enfance de Mohammed Merah.

Vers 13 h 30, la chaîne d'information continue i-Télé annonce d'ailleurs ce scoop : leur arrestation à l'aéroport d'Orly. Le problème, c'est qu'il n'y a pas de djihadistes à la sortie de l'avion : le commandant de bord a refusé de les embarquer parce qu'ils étaient menottés. Mais cela, les policiers mettent un moment à s'en rendre compte. Les autorités turques ont fini par caser les trois

Ils font semblant de gouverner...

islamistes dans un avion pour Marseille, en négligeant de prévenir la Place Beauvau.

Le feuilleton s'arrête-t-il là ? Ce serait pécher par optimisme. À Marseille, les trois compères ne sont nullement inquiétés, encore moins interpellés par la police des frontières. Ils passent même leur après-midi à déambuler comme des âmes en peine dans les rues de la ville. Sur les conseils d'un avocat, ils se présentent, pleins de bonne volonté, dès le lendemain à la gendarmerie d'un village où ils ont passé la nuit. Ils sonnent, sonnent encore... Une voix, dans l'interphone, les informe qu'il n'y a personne mais qu'une voiture va venir les chercher. Ils doivent donc patienter...

Agacé par les commentaires sardoniques auxquels a donné lieu cette pantalonnade, le porte-parole du ministre de l'Intérieur, l'ancien journaliste Pierre-Henry Brandet, tente de présenter une version avantageuse de l'affaire. C'est encore pire : « Au moment où ces trois individus arrivent à Marseille, écrit-il, aucun mandat d'arrêt n'est délivré contre eux. Même s'ils avaient été identifiés par le système informatique à la faveur d'un contrôle aléatoire, la Police de l'air et des frontières n'aurait pas pu, en droit, les arrêter. » Voilà qui est très rassurant : à l'automne 2014, trois djihadistes rentrent au pays après un stage en Syrie, mais il est impossible de les appréhender lorsqu'ils présentent leurs papiers ! Sans compter le mot « aléatoire », qui, trois mois avant les attentats de *Charlie,* glace le sang.

5

Le festival d'enrobage

Mercredi 24 juin 2015, peut-être émoustillé par l'arrivée de l'été, le ministre du Travail, de l'Emploi, de la Formation professionnelle et du Dialogue social – c'est son titre – se surpasse pour commenter les chiffres du chômage du mois précédent. Tout le monde attendait une accalmie, et c'est hélas une aggravation sensible qui est constatée : seize mille cinq cents demandeurs supplémentaires en un mois, 5 % de plus en un an. Décourageant ! Pour les cinq millions de chômeurs, bien entendu. Mais aussi pour le ministre et ses équipes qui, comme chaque mois, sèchent devant le communiqué qu'il va bien falloir se résoudre à rédiger.

L'idée créative du jour consiste à expliquer ce nouveau désastre par une anomalie. Oui, un bug, une boulette, qui détourne l'attention et jette un voile pudique entre le regard de l'opinion publique et la réalité. Si les chiffres sont mauvais, donc, c'est parce que les chômeurs qui avaient omis de confirmer leur inscription à Pôle emploi ont été relancés plusieurs fois. Un nombre de sans-emploi plus élevé que d'ordinaire a donc régularisé sa situation et ainsi évité la radiation. C'est ce que le ministère appelle « une chute des sorties de Pôle emploi pour défaut d'actualisation ».

Ils font semblant de gouverner...

Si cette chute ne s'était pas produite, bref, si de vrais chômeurs avaient oublié de rappeler leur condition à l'organisme censé les prendre en charge, l'augmentation du nombre de demandeurs d'emploi n'ayant pas travaillé du tout au cours du mois précédent aurait « seulement » atteint sept mille à dix mille personnes. Il y a dans ce « seulement », écrit noir sur blanc dans le communiqué, une certaine dose d'obscénité : le ministre n'est pas en train de compter des petits pois, mais des êtres humains qui se trouvent souvent dans la plus grande difficulté.

Et puis, il feint d'oublier que les seize mille cinq cents chômeurs supplémentaires sont vraiment sans travail. Il ne s'agit donc pas d'une erreur de comptage, d'une surévaluation malencontreuse, mais de la stricte réalité.

François Rebsamen n'en a cure. Il préfère gloser sur ce qui aurait pu être, sept mille à dix mille chômeurs de moins : « Cette évolution aurait ainsi reflété la tendance mieux orientée de l'économie et l'amélioration progressive de l'emploi. » Traduction : dix mille demandeurs de plus en un mois, c'est pour lui une « amélioration progressive de l'emploi » ! Le plus stupéfiant, c'est que personne ne hurle, personne ne dénonce cette imposture parmi les commentateurs. Ce discours, qui revient à se moquer des Français, ne provoque aucune vague.

Glissements progressifs vers le mensonge

Depuis le début du quinquennat de François Hollande, l'usine à mensonges tourne à plein régime au ministère du Travail, quel que soit son locataire. Tout a commencé en 2012. Pendant la campagne présiden-

Le festival d'enrobage

tielle, les candidats ont lancé des promesses intenables. Les deux finalistes se sont particulièrement distingués. En mars 2012, Nicolas Sarkozy annonce une « baisse tendancielle de l'augmentation du nombre de chômeurs ». Il faut s'y reprendre à deux fois pour comprendre que le chômage ne va pas baisser, non ; mais il va augmenter moins rapidement.

Qui dit mieux ? François Hollande, un mois plus tard, dans *Le Journal du dimanche* : « Le chômage n'est pas une fatalité, et j'inverserai la courbe. » Une fois élu, il récidive sur le plateau de TF1[1] et donne cette fois une échéance : l'inversion se produira à l'horizon d'un an. Une prophétie absurde. Tout au plus pourrait-il promettre de tout mettre en œuvre pour infléchir la courbe. Là encore, personne ne s'indigne de ces propos de bateleur.

Alors, pourquoi ne pas continuer ? Seul le ridicule risque de le rattraper, mais chacun sait qu'il ne tue pas. En 2013, le nombre de chômeurs sans aucune activité[2] augmente de cent soixante-dix-sept mille huit cents personnes. C'est certes moins qu'en 2012, mais on est loin de l'inversion promise de la fameuse courbe. Pas pour notre Président qui, depuis la Turquie, déclare : « Stabiliser, c'est ce que nous avons fait, ne suffit pas. » Stabiliser ! Quel terme étrange quand près de deux cent mille personnes de plus n'ont pas réussi à travailler du tout et que cent mille autres ont dû se contenter, contre leur gré, d'une activité réduite[3] ! Comment oser parler ainsi alors que sur le front du chômage, 2013 est la quatrième plus mauvaise année depuis 1997 ?

---

1. Le 9 septembre 2012.
2. Qui correspondent, dans le langage de Pôle emploi, à la catégorie A.
3. Soit les chômeurs de catégorie B et C.

Ils font semblant de gouverner...

Le ministre du Travail, Michel Sapin, son ami de toujours, enfonce le clou et se transforme lui aussi en devin : « L'année 2013 aura été marquée par un net mouvement d'amélioration […]. L'inversion de la courbe du chômage pour l'ensemble des classes d'âge ne s'est pas encore réalisée sur le dernier trimestre, même si nous en sommes très proches. » Un mois plus tard, à l'occasion de la publication des chiffres de janvier 2014, il assure encore « vouloir moins de chômeurs à la fin de l'année ».

Faute d'y être parvenu, Michel Sapin est-il sanctionné ? Pas du tout. Il a même droit à une promotion. Il quitte son poste pour rejoindre Bercy à la faveur du changement de Premier ministre, au printemps 2014. Auparavant, il ne manque pas de jouer au prestidigitateur. Fin février 2014, quelques semaines après sa déclaration sur « moins de chômeurs » attendus dans l'année, l'homme qui s'est fait photographier par Valérie Trierweiler au pavillon de la Lanterne, la tête et les bras enrubannés de cotillons, à l'occasion du réveillon, est bien obligé d'annoncer les mauvais chiffres pour le mois précédent. Mais il ne se laisse pas abattre et souligne « la bonne tenue de l'intérim depuis un an » ! C'est un message d'espoir puisque le travail temporaire est considéré comme un indicateur avancé de la conjoncture : son rebond annonce celui du marché de l'emploi en général. Sauf qu'en l'occurrence, l'intérim, contrairement aux allégations du ministre, a perdu en 2013 un nombre d'emplois considérable : quarante mille équivalents temps plein. Et son activité diminue pour le vingt-cinquième mois consécutif.

Comment Michel Sapin peut-il proférer de telles contre-vérités ? Explication : ses services lui en ont bricolé une sur mesure. En fait, la « bonne tenue de

Le festival d'enrobage

l'intérim » concerne la comparaison entre les mois de décembre 2012 et 2013. Ce sont les cinq derniers jours ouvrés de chaque mois qui servent de référence pour le comptage. Et personne n'ignore qu'à cette période de l'année, il y a les réveillons de Noël et du jour de l'an. Surtout pas Michel Sapin, qui semble tant apprécier en bonne compagnie le caractère festif et débridé de ces soirées. En 2013, donc, ces deux jours fériés tombent un mercredi, tandis que c'était un mardi en 2012. Résultat : les entreprises ont été nombreuses à faire le pont en 2012 – ce qui n'impliquait qu'un jour de fermeture, le lundi – mais pas en 2013, où il aurait fallu, à chaque fois, assumer deux journées d'inactivité. Voilà la seule circonstance qui explique la « bonne tenue de l'intérim » fin 2013 en comparaison de fin 2012 : deux jours travaillés de plus sur cinq dans de nombreux secteurs. Dès le mois suivant, d'ailleurs, sans réveillon et sans cotillons, l'intérim replonge... Cette petite tambouille statistique agrémentée d'une bûche de Noël n'a évidemment aucune prise sur le marché de l'emploi.

Pour fêter, si l'on ose dire, l'arrivée de François Hollande à mi-mandat, en novembre 2014, les résultats sont plus calamiteux que jamais. La France bat une nouvelle fois un triste record, celui du nombre de chômeurs : près de trois millions et demi de personnes n'ont pas travaillé du tout le mois précédent, et si on les cumule avec ceux qui ont exercé une activité réduite, le total dépasse les cinq millions. Depuis le début de l'année 2014, celle où le ministre du Travail voulait « voir moins de chômage », la durée moyenne d'inscription à Pôle emploi a par ailleurs augmenté d'un mois.

Mais Michel Sapin, heureux hasard, est parti entretemps. Il n'a plus à commenter, mois après mois, le fiasco numéro un de ce quinquennat. C'est désormais

Ils font semblant de gouverner...

François Rebsamen qui officie, avec le même sens du camouflage. En ce mois de novembre 2014, il vante « le maintien d'un effort élevé pour les emplois aidés », et annonce que ceux-ci passeront de quatre cent mille à quatre cent quarante-cinq mille en 2015. À aucun moment il ne semble lui venir à l'esprit qu'un tel palmarès, malgré les emplois d'avenir et autres soins palliatifs, est encore plus désespérant.

Mais le nouveau ministre du Travail apprend vite. Chaque mois désastreux, il trouve un petit message d'espoir. En avril 2015, alors que le nombre de chômeurs sans aucune activité s'est accru de quinze mille quatre cents personnes le mois précédent, il préfère s'intéresser au premier trimestre dans son ensemble, pour lequel « le rythme de progression est près de quatre fois moins élevé que celui observé en 2014 ». Bref, il souligne, en s'inspirant librement de Nicolas Sarkozy, « une baisse tendancielle de l'augmentation du nombre de chômeurs ». Le mois précédent, pour s'en sortir avec de mauvais résultats, il avait choisi de les agréger à ceux de janvier, plus avantageux : « Depuis 2008, c'est la première fois que l'on constate une baisse du nombre d'inscrits de catégorie A sur les deux premiers mois de l'année. » Sa créativité ne tarit jamais, jusqu'au supermensonge de fin juin 2014, où il invente carrément une nouvelle catégorie, celle des chômeurs-réels-qui-auraient-pu-être-virtuels.

Si la moitié de ces efforts de camouflage médiatique étaient consacrés à lutter vraiment contre le chômage, on pourrait même imaginer une amélioration. D'ailleurs, quand François Rebsamen quitte son poste, deux mois plus tard, il a le moral au beau fixe. La situation désastreuse qu'il laisse derrière lui semble l'autoriser à faire de l'esprit en s'adressant, lors de la passation de

Le festival d'enrobage

pouvoirs, à celle qui lui succède : « Tous les mois il y a un rituel, un grand moment de solitude : la publication des chiffres de Pôle emploi. » Très spirituel ! Les demandeurs d'emploi, eux, connaissent sûrement plus d'un « grand moment de solitude » tous les mois...

Les ministres changent, le tragicomique demeure

S'il ne s'agissait d'un sujet aussi grave, le changement dans la continuité au ministère du Travail prêterait à rire. Pour sa première réaction à des statistiques mensuelles du chômage, le 24 septembre 2015, Myriam El Khomri, qui succède à François Rebsamen et qui a déclaré d'emblée qu'elle n'était pas une magicienne, s'essaie quand même à l'illusionnisme.

Les chiffres d'août 2015 sont catastrophiques : vingt mille chômeurs de plus sans aucune activité. « Les résultats au mois le mois doivent être analysés avec prudence, explique l'apprentie ministre. Seule la tendance compte. » Certes, mais la tendance n'est pas bonne. Sauf si la seule méthode retenue est la méthode Coué. « La hausse d'août, persiste-t-elle, intervient après une baisse en juillet et une stabilisation en juin. » Hum, hum, la stabilisation de juin était en réalité une augmentation de mille trois cents personnes, et la baisse de juillet en concernait mille neuf cents ! Soit un solde de six cents chômeurs en moins durant l'été, à comparer avec les vingt mille de plus qui viennent d'apparaître...

Mais cette disproportion ne frappe pas la ministre, qui poursuit ainsi : « Nous avons mis en place des mesures d'ampleur de soutien de l'activité dont les effets se font sentir progressivement. » Vingt mille chômeurs de plus en un mois, c'est donc une amélioration « progressive » ?

Ils font semblant de gouverner...

Ce qui entre-temps ne s'est pas amélioré, ce sont les connaissances de la ministre. Interrogée sur RMC par Jean-Jacques Bourdin en novembre 2015, elle se montre incapable de répondre à une question élémentaire sur le CDD (contrat à durée déterminée) qui relève directement de sa compétence. Extrait :

« On peut le renouveler combien de fois, le CDD ? demande Jean-Jacques Bourdin.

— Trois fois...

— Combien ?

— Jusqu'à... trois ans...

— Non mais, combien, Myriam El Khomri ?

— Un CDI peut être requa... Un CDD peut être requalifié en C..., pardon, un CDD peut être requalifié en CDI quand justement le cadre de renouvellement du CDD n'a pas été...

— Mais il peut être renouvelé combien de fois, le CDD ?

— Il peut être renouvelé plusieurs fois...

— Combien de fois maximum ? »

Silence gêné.

« Je ne pourrais pas vous le dire...

— Parce que vous ne le savez pas. Deux fois. Il peut être renouvelé deux fois. Savez-vous depuis quand ? Depuis le mois d'août dernier. C'est une mesure gouvernementale, de votre gouvernement, Myriam El Khomri...

— C'est possible.

— Eh bien, je vous le dis...

— J'ai bien senti que... »

Récapitulons : une ministre censée incarner le renouvellement en politique et sélectionnée par l'Élysée à un poste clé pour ses capacités à communiquer, se présente librement à une grande émission de radio,

Le festival d'enrobage

confiante dans le fait que son ignorance passera inaperçue. Résultat : le sentiment de voir une élève de terminale s'effondrer à un oral de rattrapage sans avoir le moins du monde préparé l'épreuve.

Les fissures commencent à se voir.

6

Quand Monsieur Bricolage redécoupe la France...

« Il faut bien qu'on donne l'illusion qu'il s'agit d'une vraie réforme... » C'est par ces mots incroyables que Marylise Lebranchu, ministre de la Décentralisation et de la Fonction publique, commente la réforme territoriale que le gouvernement présente comme révolutionnaire. Ce jour-là, son interlocuteur est Alain Lambert, président du conseil départemental de l'Orne et ancien ministre du Budget. Un adversaire politique, certes, mais une personne de bonne volonté avec laquelle l'ancienne élue bretonne s'entend plutôt bien.

Elle lui avoue donc avec une candeur déroutante qu'elle fait semblant de réformer. Alain Lambert, farouche défenseur de la survie des départements, s'est étonné auprès d'elle d'un arbitrage qui confie les transports scolaires non plus aux départements mais aux régions, alors qu'il s'agit d'une mission qui nécessite une connaissance fine du terrain. Il n'a pas tort puisque les régions vont s'empresser de déléguer de nouveau aux départements cette compétence de proximité. Mais tout est dit ce jour-là. Seule l'illusion compte, pas le résultat.

À l'origine, il y a pourtant une grande ambition : en finir avec l'empilement administratif français, qui superpose les communes, les communautés de communes, les départements et les régions. Quatre échelons alors qu'il n'en existait que deux initialement. Le coup d'envoi est donné par François Hollande lors de sa conférence de presse du 14 janvier 2014, qui se déroule juste après l'épisode du scooter et du casque intégral. Le Président ne dit pas seulement que les affaires privées se traitent en privé, il évoque aussi pour la première fois la fin des départements. Puis, quelques semaines plus tard, il change de Premier ministre.

Lors de son discours de politique générale, le 8 avril 2014, Manuel Valls annonce pour 2017 la réduction de moitié du nombre de régions et la suppression des conseils généraux à l'horizon 2020. Une déclaration confirmée par le chef de l'État un peu plus tard, alors qu'il est l'invité du matin de BFMTV pour le deuxième anniversaire de sa victoire : « Je pense que les conseils généraux ont vécu, dit-il, avant d'ajouter : Il n'y a plus de temps à perdre. »

Ces déclarations se heurtent à la fureur de tous ceux qui président un conseil général et qui disposent d'un palais, d'une brochette de collaborateurs, d'une voiture de fonction avec chauffeur. Ils sont de petits roitelets, comme les féodaux du temps jadis. Réunis au sein de l'Association des départements de France, l'ADF, l'un des lieux de pouvoir où la concentration de francs-maçons est la plus élevée de l'Hexagone, ils organisent donc la riposte.

L'été passe. À la rentrée, Claudy Lebreton, leur président, qui est aussi celui du conseil général des Côtes-d'Armor, se fiche bien d'être encarté depuis des décennies au Parti socialiste. Quand on touche à l'essentiel, les fidélités partisanes n'ont plus cours. Il promet à ses anciens amis François Hollande et Manuel Valls une « guérilla parlementaire ».

Ils font semblant de gouverner...

Dès le mois d'octobre, la détermination du Premier ministre commence à flancher. Il ne veut plus réduire les conseils généraux que de moitié. Puis, début novembre, il se rend dans l'arène : il parle devant le congrès de l'ADF, où il est attendu de pied ferme. Mais il n'y a pas lieu de se fâcher, puisqu'il affirme le contraire de ce qu'il disait six mois plus tôt. Le pays, déclare-t-il à la tribune, a « besoin de cet échelon intermédiaire » que sont les départements.

« XXX régions »

L'heure du repli a donc sonné. À défaut de supprimer les conseils généraux, qui pourtant « ont vécu », d'après le Président en personne, il faut donner l'illusion du mouvement, de la réforme, de la détermination. Évidemment, c'est difficile, mais quand il s'agit de communiquer, rien ne rebute les deux têtes de l'exécutif. Reste un détail : trouver une idée.

Impossible d'envisager une fusion entre conseillers généraux et régionaux, puisque c'est exactement ce que Nicolas Sarkozy avait décidé. Donc, que faire ? Braquer le projecteur sur les régions, plus modernes, plus récentes, plus convaincantes à l'échelle de l'Europe ; les regrouper et leur donner de nouvelles compétences, que l'on piquera aux départements. Voilà un bon plan ! Bien sûr, les palais départementaux ressembleront de plus en plus à des « éléphants blancs », ces constructions coûteuses et inutiles. Mais au moins, la paix régnera à l'Assemblée nationale, épargnée par la « guérilla parlementaire ».

Ce projet de fusion relance le même scénario que pour les départements. Aucun président de région ne

Quand Monsieur Bricolage redécoupe la France...

veut être dilué dans un plus grand ensemble, perdre son titre, son pouvoir, son bureau, sa voiture... Certes, les patrons de région sont moins nombreux que ceux des départements, mais ils sont plus puissants et plus nuisibles. En plus, deux poids lourds du gouvernement ont longtemps appartenu à cette confrérie : Ségolène Royal, ex-reine du Poitou-Charentes, et Jean-Yves Le Drian, ancien duc de Bretagne.

François Hollande et Manuel Valls jouent donc au Mikado jusqu'au dernier moment. Ségolène serait contente que les Pays de la Loire se marient avec Poitou-Charentes, mais Jean-Marc Ayrault, député de la Loire-Atlantique et ancien Premier ministre, considère que cela n'a aucun sens : qu'y a-t-il de commun entre Saint-Nazaire et Poitiers ? Non, ce qu'il souhaiterait, lui, et son successeur Manuel Valls est d'accord, c'est fusionner sa région avec la Bretagne. Le débat sur la « bretonnité » de Nantes, la ville dont il était maire jusqu'à son entrée à Matignon, dure depuis si longtemps ! Cette fusion serait une manière de le trancher. Ah oui, mais Jean-Yves Le Drian serait très en colère. Pourquoi ? Parce qu'il veut garder la Bretagne intacte et refuse de la voir englobée dans un ensemble plus grand. Il en a été président et envisage de le redevenir. Donc, pas touche !

Surtout que le ministre de la Défense est l'ami de trente ans du Président, ainsi que de Jean-Pierre Jouyet, le secrétaire général de l'Élysée. Alors, c'est décidé : pas question de fâcher Jean-Yves. Et puis il y a aussi Martine. Elle est pénible, Martine Aubry, tout le monde le sait. Depuis le temps qu'elle boude à Lille, lançant des vacheries sur Hollande et Valls à qui veut l'entendre. C'était sûr qu'elle ne voudrait pas que « sa » région, même si elle ne la préside pas, s'unisse avec la Picardie. Et là, s'ils s'entêtent, elle va les pourrir. Bon, il est moins connu mais il y a Jean-Paul Denanot, le président de la région Limousin. Sous prétexte qu'il est socialiste et que la Corrèze, le département du Président, se trouve chez lui, il se croit tout permis celui-là ! Il saoule même François Hollande, un dimanche, au téléphone, pour plaider sa cause : à tout prendre, il préférerait fusionner avec Aquitaine plutôt qu'avec Poitou-Charentes, surtout si l'ensemble comprend aussi la région Centre. Sinon, il ne comptera pour rien...

Voilà pourquoi au lendemain de ce coup de fil, le lundi 2 juin 2014, quand le chef de l'État et son Premier ministre déjeunent ensemble à l'Élysée, rien n'est encore totalement arrêté. Il le faut pourtant puisque, le soir même, une tribune signée par le Président doit être envoyée à plusieurs quotidiens régionaux pour publication dès le lendemain matin. Comme rien n'est vraiment arbitré, le texte est envoyé dans une version où ne figure pas le nombre de nouvelles régions. À la place, un XXX qui fait mauvais genre : « Les régions se sont imposées comme des acteurs majeurs de l'aménagement du territoire [...]. Pour les renforcer, je propose donc de ramener leur nombre de 22 à XXX. » Comme toutes les gaffes, cet envoi intempestif est tellement significatif ! Finalement, ce sera treize...

L'art du maquillage

Tout ça pour ça ! Les départements, après six mois de sursis, ont survécu. L'examen de leur sort est reporté au-delà de 2020. D'ici là, il peut se passer tant de choses... Mais si l'essentiel, l'empilement, demeure, il faut compter sur l'accessoire pour démontrer aux Français qu'en matière territoriale, le changement, c'est maintenant.

Quand Monsieur Bricolage redécoupe la France...

La révolution sera donc sémantique ou ne sera pas. Le conseil général disparaît, pour laisser place au conseil départemental. De la même manière, les élections cantonales, terriblement datées, s'éclipsent au profit des élections départementales, tellement plus troisième millénaire ! D'ailleurs, les conseillers généraux élus en mars 2015 sont désormais des conseillers départementaux. Voilà qui change tout !

Et puis ces élections sont l'occasion d'offrir une merveilleuse vitrine à la parité. Portée par un esprit d'innovation unique au monde, cette « nouvelle » élection ne propose pas aux suffrages un ou une candidate mais un binôme. Oui, une paire, un couple, obligatoirement composé d'un homme et d'une femme. Et c'est du sérieux : pas question de faire campagne l'un sans l'autre. Ils doivent être tous les deux sur l'estrade, dans les travées du marché couvert, en visite sur le même lieu. Sinon, comme dans les jeux télévisés, ils seront disqualifiés. Le temps de parole de l'un et de l'autre n'est pas chronométré, ce qui constitue une grosse faille dans le dispositif ! C'est donc, en fait d'immense changement, du grand n'importe quoi.

Surtout quand on se souvient du double objectif de cette réforme : simplifier et réaliser des économies. C'est le contraire qui se produit !

Le résultat de ce « big bang territorial » devait initialement engendrer des économies comprises entre 12 et 25 milliards d'euros selon les calculs du secrétaire d'État à la Réforme territoriale André Vallini, grâce aux « économies d'échelle et aux suppressions de doublons ». Le cabinet d'audit KPMG est l'un des premiers à remettre en cause ces projections, considérant que l'opération risque au contraire de coûter de l'argent public. Pourquoi ? Tout simplement parce que lors des transferts de personnels d'un département à une région, ou d'une région à une autre, les conditions qui seront retenues seront évidemment les plus favorables, une concession destinée à éviter la grogne syndicale.

De plus, à l'issue de cette excellente réforme territoriale, l'effectif des conseillers régionaux et départementaux n'aura pas diminué mais augmenté. Les régions passent en effet de vingt-deux à treize, mais le nombre de conseillers, lui, reste le même. Initialement, le gouvernement avait prévu une baisse de 15 %. Ce qui représente une réduction très faible, proportionnellement à celle du nombre de régions : – 41 %. Mais une étrange alliance droite-gauche se constitue lors du vote de la loi à l'Assemblée nationale. Valérie Pécresse, présidente du groupe Les Républicains au conseil régional d'Île-de-France, ose affirmer que dans ces conditions, « les conseillers régionaux n'auront plus les moyens d'assurer leur travail ». Est-elle sérieuse ? En tout cas, les élus socialistes lui emboîtent le pas, et un amendement supprime tout plafonnement des effectifs.

Quant aux conseillers départementaux, qui devaient initialement être rayés de la carte politique, ils sont... plus nombreux qu'auparavant. En fait, le pouvoir a supprimé moins de la moitié des cantons. Avec la stratégie des binômes, les conseillers départementaux élus en mars 2015 sont au nombre de quatre mille cent huit, contre trois mille neuf cent quatre-vingt-seize conseillers généraux auparavant.

Il faut aussi compter avec les caprices d'anciens barons qui n'acceptent pas d'être déchus du moindre de leurs privilèges. C'est ainsi qu'à peine la loi votée et le choix des nouvelles capitales effectué, le président PS de la région Languedoc-Roussillon, Damien Alary, rend public le contenu de la conversation qu'il vient d'avoir avec son ami Manuel Valls : au côté du président de région pourra siéger un président délégué qui bénéficiera des mêmes avantages (oui, les voitures, les notes de frais)... Pense-t-il à son cas personnel ? En tout cas, le gouvernement vient encore de lâcher du lest.

Reste la question épineuse des déménagements de fonctionnaires, puisque certaines capitales régionales vont disparaître. Cette transhumance va-t-elle donner lieu au versement de primes ? La réponse est oui, évidemment. Un petit millier d'agents sont concernés, et percevront entre 6 000 et 15 000 euros selon leur situation familiale[1]. En comptant en moyenne 10 000 euros par personne, cela fait déjà 10 millions d'argent public dépensés.

Ce doit être cela, la (non-)gouvernance selon Monsieur Bricolage...

---

[1]. Selon le décret n° 2015-934 du 30 juillet 2015 fixant les plafonds de l'indemnité de mobilité attribuée à certains agents de la fonction publique territoriale.

7

Ségolène la magicienne

Garcimore était un magicien qui a fait le bonheur de la télévision pendant une vingtaine d'années. Son truc, c'était les tours de magie ratés. Il annonçait aux enfants qu'il allait sortir un lapin de son chapeau. Il lançait une formule incompréhensible avec un accent inimitable. Et rien ne se passait comme prévu : ses tours ne marchaient jamais. En éclatant de rire, il disait : « Encore raté ! C'est pas grave... »

Garcimore est décédé il y a quelques années. Mais Ségolène Royal l'a remplacé sur les écrans de télévision. Les autoroutes sont trop chères ? Elles seront gratuites le week-end. Les prix du train augmentent ? Elle se moque du patron de la SNCF et annonce qu'elle annule la nouvelle grille tarifaire. Les tarifs d'EDF montent ? Elle impose le gel des prix.

Comme avec Garcimore, les tours de magie de la ministre du Développement durable ne marchent jamais. Après ses déclarations, les pompiers de service – Manuel Valls, Michel Sapin ou le porte-parole du gouvernement – sont immédiatement appelés à la rescousse pour démentir, rappeler aux Français qu'il ne faut jamais croire au Père Noël, que la ministre est allée un peu vite, que ses propos n'ont pas été compris ou

Ségolène la magicienne

bien qu'un groupe de travail doit être mis sur pied pour étudier la faisabilité de sa « proposition », une élégante façon d'enterrer la belle idée de la ministre.

L'ancienne candidate à la présidentielle est-elle une gaffeuse en série ? Pas du tout ! Le développement durable est l'un de ses sujets favoris depuis deux décennies et ce n'est pas vraiment une novice au gouvernement : elle a été ministre de l'Environnement pour la première fois il y a vingt-quatre ans, en 1992. Simplement, elle a une stratégie parfaitement en phase avec la vie politique actuelle, de Sarkozy à Hollande : pour exister, le travail compte moins que la communication. Mieux, avec la disparition des Verts de la majorité présidentielle, elle sait qu'elle a une carte à jouer : endosser la posture de l'indignée, ce qui ne manque pas de piment quand on est numéro trois du gouvernement. Un rôle d'autant plus facile à interpréter qu'elle sait très bien, compte tenu de son statut d'ex-compagne du président de la République et d'ex-candidate à la présidentielle, que rien ne lui sera jamais reproché par le chef du gouvernement… Sa « liberté de parole » est sacrée, c'est d'ailleurs ainsi qu'elle justifie ses innombrables sorties.

Un mot à 5,9 milliards d'euros…

Ce que l'on n'a jamais chiffré, c'est le prix de ses belles paroles… En juin 2014, le patron d'EDF et la Commission de régulation de l'énergie (CRE) se mettent d'accord après plusieurs semaines de négociations sur une augmentation de 5 % des tarifs d'électricité. C'est évidemment une mauvaise nouvelle pour les Français. Sauf que celle-ci n'a pas été décidée au doigt mouillé : les prix sont élaborés en fonction de critères précis. À la radio, Ségolène Royal annonce pourtant, impériale, qu'elle « efface la hausse » (ce sont ses mots).

Les marchés financiers n'apprécient pas vraiment la plaisanterie. Au moment de la privatisation (partielle) d'EDF en 2004, le gouvernement avait juré que l'entreprise n'était désormais plus une administration. À la Bourse, tout de suite après ses déclarations, le titre EDF dévisse de 12 % ! La petite phrase fait perdre dans la journée 5,9 milliards d'euros aux actionnaires d'EDF et surtout à l'État qui détient toujours 84 % du capital de l'entreprise.

Avec la SNCF, Ségolène Royal a trouvé un autre moyen de faire parler d'elle. L'entreprise n'est pas cotée en Bourse. Mais elle a un devoir depuis que le secteur est ouvert à la concurrence : être à l'équilibre financier. Un matin de janvier 2015, celle qui est aussi ministre des Transports a une idée brillante : elle refuse l'augmentation des tarifs d'abonnement annoncée vingt-quatre heures auparavant. Mieux : celle qui avait fondé sa campagne présidentielle sur la « démocratie participative » invente une sorte de « capitalisme participatif » grâce auquel les passagers doivent être consultés sur la politique tarifaire ! Au passage, elle s'en prend aussi au patron, Guillaume Pépy (qui n'est pas vraiment un homme de droite, il a fait toutes ses classes dans les cabinets de Martine Aubry), et à ces « dirigeants des entreprises publiques qui, parce qu'elles sont en situation de monopole, s'engagent dans des fuites en avant et considèrent qu'elles peuvent augmenter leur chiffre d'affaires en augmentant les tarifs ». Problème : quelques jours plus tôt, les fonctionnaires de son ministère ont validé la nouvelle politique tarifaire de la SNCF en estimant dans un document officiel que celle-ci était « nécessaire à l'amélioration de la qualité du service offert aux voyageurs[1] ». Maudits ronds-de-cuir !

Les autoroutes de l'incompétence

C'est surtout avec les autoroutes que Ségolène Royal a trouvé un magnifique motif d'indignation et un formidable terrain d'expérimentation médiatique. Un matin d'octobre 2014, elle annonce, toujours à la radio, qu'elle veut ponctionner les caisses des sociétés concessionnaires de quelque 300 millions d'euros. Qui, parmi les auditeurs, éprouve la moindre sympathie pour ces groupes privés très – trop ? – profitables ?

Quatre jours plus tard, nouvelle trouvaille : les autoroutes seront gratuites le week-end ! De quoi réjouir les propriétaires de résidences secondaires plus que la France qui travaille. Mais passons... Comme ce n'est pas assez, elle exige aussi qu'un dixième des bénéfices des sociétés exploitantes soit immédiatement réinvesti dans le réseau. Un peu plus tard, elle s'attaque au mode de calcul des tarifs.

Contrairement à Myriam El Khomri, Ségolène Royal, elle, connaît parfaitement le dossier. Elle sait très bien que, sur les autoroutes, elle peut tout dire mais n'a le pouvoir de rien faire. Les contrats sont en effet bien verrouillés.

En 2002, c'est Lionel Jospin qui avait ouvert la brèche en vendant 49 % du capital d'ASF (Autoroutes du Sud de la France) à Vinci. Trois ans plus tard, son successeur Dominique de Villepin voyait plus grand. Il cède

---

[1]. Communiqué des services du ministère du Développement durable du 27 décembre 2014.

Ils font semblant de gouverner...

9 000 kilomètres d'autoroutes sur les 12 000 que compte alors la France à des opérateurs privés (Eiffage, Vinci, etc.). Sa motivation ? Le bien du pays ? La défense de l'usager ? Il s'agit simplement de trouver au plus vite 15 milliards d'euros pour remplir les caisses de Bercy. Certes, l'État ne percevra plus un centime sur les recettes des péages, soit 8 milliards d'euros par an. Les marges bénéficiaires des heureux concessionnaires vont exploser ? Le temps que l'on s'en aperçoive, Villepin ne sera plus à Matignon depuis longtemps...

Au moment où il conçoit l'opération, le Premier ministre de Jacques Chirac n'est l'objet d'aucune critique à l'exception de François Bayrou, totalement isolé, scandalisé que l'État cède à vil prix ses « bijoux de famille ». Il suffit de réécouter les propos que tenait à l'époque Thierry Breton, le ministre de l'Économie, pour avoir le souffle coupé : « Non seulement cela ne porte pas atteinte à l'intérêt national, mais on va le renforcer car ce n'est pas le macadam qu'on va privatiser et qui va se délocaliser, c'est uniquement le service[1]. » Avec un ministre pareil, Villepin n'avait pas besoin d'attaché de presse.

Depuis, tout le monde sait que cette privatisation a été menée en dépit du bon sens[2]. La Cour des comptes et l'Autorité de la concurrence s'en alarment régulièrement et constatent qu'année après année les choses

---

1. RTL, 7 août 2005.
2. Aujourd'hui, lorsqu'il est interrogé sur cette privatisation, Dominique de Villepin ne regrette rien et affirme que cela reste une « bonne affaire » pour l'État. Quant à Thierry Breton, il persiste et signe lui aussi. « Il fallait privatiser », dit-il. Seulement voilà, il a manqué une autorité de régulation. « Je l'avais voulue, je l'avais annoncée. Mais je ne sais pas pourquoi, c'est resté dans les cartons entre 2007 et 2012. C'est dommage. »

Ségolène la magicienne

empirent. Ségolène Royal connaît tous ces rapports qui n'ont rien de confidentiel. Essaye-t-elle de remettre à plat le dossier ? De renégocier les contrats ? De tordre le bras aux concessionnaires en faisant travailler un bataillon d'avocats pour le compte du gouvernement ? Cela prendrait du temps, des années sans doute. Le détail de ces négociations ne ferait pas la une de la presse. Or, comme son objectif c'est d'abord de faire parler d'elle, elle trouve beaucoup plus simple de s'indigner une fois de plus.

Elle sait aussi que dans ce dossier le gouvernement joue double jeu. Bercy s'accommode en effet parfaitement de ces contrats mal ficelés. Un problème de trésorerie ? Et hop, on demande l'aumône en échange d'un allongement de la durée de la concession d'un ou deux ans comme ce fut le cas en 2010. En 2013, l'État a de nouveau besoin d'une rallonge de quelques centaines de millions d'euros pour boucler son budget ? La redevance domaniale due par les sociétés d'autoroutes est doublée. À charge pour celles-ci de la répercuter sur les tarifs des péages. Début 2015, Emmanuel Macron a même eu une formidable idée, un « plan de relance autoroutier » de trois milliards d'euros, financé par les sociétés exploitantes. Un plan qui doit, selon lui, créer plusieurs milliers d'emplois. Les confortables bénéfices des groupes concessionnaires vont-ils le financer ? Non, ce sont les usagers qui paieront. Mais les augmentations de tarifs commenceront en… 2019 ! D'ici là, l'élection de 2017 sera passée.

À la tête des sociétés d'autoroutes, où l'on compte une armée de préfets et quelques bons connaisseurs du fonctionnement de l'État, on s'amuse des tirades de l'imprévisible Ségolène qui, finalement, arrangent tout le monde. Les outrances de la ministre font certes beaucoup de bruit mais elles permettent de ne rien

Ils font semblant de gouverner...

changer. Quelques jours après sa sortie sur la gratuité des péages le week-end, les patrons de ces groupes ont été reçus à Matignon par Manuel Valls et son conseiller « transports ». Ce dernier s'appelle Loïc Rocard (c'est le fils de Michel) et, avant de travailler à Matignon, il était... directeur général de Cofiroute. Cofiroute ? C'est le réseau autoroutier de Vinci. Les autoroutes, il faut laisser les spécialistes s'en occuper et les membres du gouvernement se concentrer sur leur image.

Après tout, Garcimore aurait-il fait un si mauvais ministre ?

8

« De toute façon, ce projet ne verra jamais le jour »

La France fut parmi les premiers pays à y songer ; elle sera vraisemblablement l'un des derniers à agir. Londres, Hong Kong, Pékin, Singapour, Moscou et de nombreuses autres capitales sont reliées à leur aéroport international par une ligne ferroviaire dédiée et rapide. C'est une question d'attractivité.

De ce point de vue, les touristes qui atterrissent à Roissy et qui décident d'emprunter le RER B pour éviter les embouteillages ne sont pas déçus. La gare, traversée par les courants d'air, ressemble à un cul-de-basse-fosse. La signalisation est inexistante, et les malheureux sont obligés de demander aux passagers locaux dans quel train il faut monter : sur la voie de droite ou sur celle de gauche ? Enfin, tout cela suppose que ces trains fonctionnent, ce qui est loin d'être toujours le cas. Entre les grèves (plus de dix jours en 2014), les problèmes techniques (nombreux) et ce que l'on appelle pudiquement les « incidents voyageurs », il faut avoir de la chance pour réussir à s'engouffrer dans un wagon tagué.

Une fois installé dans la rame, le voyageur venu de loin n'est pas au bout de ses surprises. Il va connaître l'agrément de s'arrêter dans différentes bourgades de Seine-Saint-Denis, toutes plus riantes les unes que les

Ils font semblant de gouverner...

autres. Éventuellement, il se retrouvera entouré de quelques aimables jeunes gens à capuche qui prendront leurs aises à ses côtés, ajoutant ainsi d'emblée une touche pittoresque. Et entre deux arrêts, il aura une vue imprenable sur un ou deux bidonvilles installés tout près de la voie. Avant d'aller admirer la tour Eiffel, il peut déjà voir la misère de près.

Cette situation paraît déjà difficilement tolérable pour une grande capitale. Elle est carrément surréaliste concernant le principal aéroport d'un pays qui est depuis plusieurs années la première destination touristique mondiale et qui retire de cette activité 7 % de son PIB !

Ce n'est pas faute d'y avoir pensé dès le milieu des années quatre-vingt-dix. Mais l'histoire de ces 32 kilomètres de réseau ferré illustre jusqu'à la caricature l'incapacité à gouverner des élites politiques françaises : les effets d'annonce se multiplient, les projets avortent les uns après les autres, les pouvoirs publics n'ont ni le courage ni l'énergie de trancher.

C'est Antoine Veil, le mari de Simone, alors conseiller de Paris, qui porte le premier l'idée d'une liaison ferroviaire rapide entre Paris et Roissy-Charles-de-Gaulle. Sur le moment, tout le monde s'enthousiasme, considérant que le RER B, exploité conjointement par la SNCF et la RATP, fera l'affaire. C'est en réalité beaucoup plus compliqué. Plus d'un million de voyageurs, parmi lesquels, il faut bien le reconnaître, très peu de membres du gouvernement, empruntent cette ligne chaque jour. Le trafic est donc extrêmement dense et ne peut pas s'accommoder d'une liaison express qui utilise les mêmes installations. Qu'à cela ne tienne, en juin 2000, la SNCF, RFF (Réseau ferré de France, qui gérait les installations ferroviaires avant d'être réintégré

« De toute façon, ce projet ne verra jamais le jour »

à la SNCF en 2015) et la RATP constituent un GIE (groupement d'intérêts économiques) chargé d'étudier la faisabilité technique et financière du projet. C'est vite vu : tout l'argent public va alors au TGV, puisque chaque élu local veut sa gare, et chaque président de la République promet la conversion en grande vitesse d'un tronçon de plus. Donc tout le monde applaudit autour de la table, mais personne ne veut investir un centime. À ce moment-là, Lionel Jospin est Premier ministre.

Il semble donc clair qu'il sera nécessaire de trouver l'argent ailleurs, mais il faut presque six ans de réflexion pour aboutir, début 2006, à la création d'un partenariat public-privé (PPP), qui délègue à des entreprises le financement de l'opération. Dominique de Villepin est alors Premier ministre.

Près de deux ans passent encore avant le lancement d'un appel d'offres. En France, on sait prendre son temps ! Un seul candidat dépose un dossier. Il s'agit de Vinci, épaulé par la Caisse des dépôts et consignations, Axa et Keolis. François Fillon est alors Premier ministre.

Deux années encore et une enquête publique est ouverte. Le tracé, le calendrier, les modalités, tout est prêt... François Fillon est encore Premier ministre. Quand le projet est déclaré d'utilité publique, en décembre 2008, il est toujours Premier ministre. Et il l'est encore quand il faut procéder à un enterrement sans obsèques, en 2011, soit quinze ans après les premières discussions.

Que s'est-il passé ? L'État n'a tout simplement pas été capable de mener à leur terme les négociations avec Vinci.

Tout semble perdu, donc, en cette année 2011. Si l'on devait, à ce moment de l'histoire, prononcer l'oraison funèbre de ce projet, on dirait certainement que les différentes parties prenantes n'y ont pas mis du leur. Pierre Graff, un ingénieur des Ponts et Chaussées qui présidait alors Aéroports de Paris, ne veut pas payer. Christian Blanc, secrétaire d'État au Grand Paris, ne jure que par une ligne Roissy-La Défense. Pierre Mongin, le patron de la RATP, atermoie. Quant à Guillaume Pépy, celui de la SNCF, il s'en moque ouvertement : ce n'est pas un TGV qui va de Paris à Roissy. Le partenariat public-privé est donc abandonné, mort-né.

Alors que tout est au point mort, Nathalie Kosciusko-Morizet relance début 2012 une étude juste avant de quitter son ministère de l'Écologie. Ce document souligne que sans desserte ferroviaire rapide à l'horizon 2025, l'aéroport Roissy-Charles-de-Gaulle verra son avenir compromis. Pour financer cette liaison express, le rapport suggère de faire payer un euro par passager des compagnies aériennes. Il justifie ce choix par le fait que la ligne qui mettra – enfin, peut-être ! – l'aéroport à vingt minutes de la gare de l'Est bénéficiera à tous les usagers : pour ceux qui empruntent la route, le trafic sera moins engorgé. Mais le P-DG d'Air France-KLM, Alexandre de Juniac, hurle à la mort : pas question de taxer les billets d'avion.

En clair, chacun donne donc son point de vue, mais il n'y a personne pour décider à la tête de l'État. Résultat : la déclaration d'utilité publique est en passe de devenir caduque. En décembre 2013, elle est prorogée pour cinq ans afin de ne pas insulter l'avenir. Jean-Marc Ayrault est Premier ministre.

En juin 2014, les deux parties prenantes essentielles dans ce projet, Aéroports de Paris et la SNCF, en reprennent les rênes. Ils créent une société commune, CDG Express Études, chaperonnée par l'État dans le

« *De toute façon, ce projet ne verra jamais le jour* »

cadre d'un nouveau partenariat public-privé. Manuel Valls est Premier ministre et nomme en novembre de la même année un « coordinateur interministériel » chargé de faire avancer le dossier. Il était temps ! Mais tout n'est pas simple pour autant. Il faut que quatre ministres – Économie (pour le financement), Intérieur (pour les collectivités locales), Affaires étrangères (pour le tourisme), Écologie (pour les transports) – se mettent d'accord.

Entre-temps, un montage juridique a été déposé à Matignon par Aéroports de Paris et son partenaire. Un an après, à l'été 2015, il n'était toujours pas parti au Conseil d'État pour examen. Il végétait sur le bureau d'un conseiller technique qui a annoté ce document de son commentaire personnel : de toute façon, ce projet ne verra jamais le jour. Cette absence manifeste de bonne volonté n'a, jusqu'alors, semblé choquer personne.

Ah ! un détail, encore : depuis les premières évaluations, il y a près de vingt ans, le coût prévisionnel de cette voie express a été multiplié par huit. Mais il est interdit de parler de gâchis, puisque l'heure est à la grande réforme de l'État.

9

Quand Hollande déçoit François

À chaque Président son choc. Avec Nicolas Sarkozy, c'était le « choc fiscal ». Pour François Hollande, c'est le « choc de simplification ». Un vaste sujet, dont il a voulu s'emparer dès le début de son quinquennat : « Le gouvernement prendra les premières mesures pour alléger les procédures administratives, diminuer les normes et raccourcir les délais des démarches au bénéfice des collectivités locales, des entreprises et des particuliers. » Et pour bien se faire comprendre, il a multiplié les exemples concrets et les engagements : « Aujourd'hui, une petite entreprise est obligée d'envoyer trois mille informations par an à l'administration. Demain, il faudra réduire deux fois, trois fois ce chiffre. »

Le problème, c'est que François est très déçu par Hollande. Il l'a redit le 5 novembre 2015 en Conseil des ministres. Ce jour-là, Emmanuel Macron présente un décret relatif au consentement implicite de l'administration si elle n'a pas répondu dans un certain délai. Pas pour l'ensemble des relations avec les usagers, non, simplement pour la propriété intellectuelle. Au fil des semaines, le texte s'est allongé car il prévoit une longue série d'exceptions. Le chef de l'État laisse percevoir son agacement : où est donc ce fameux choc qu'il a lui-même annoncé à plusieurs reprises ? La maison n'est pas tenue, et son principal occupant semble soudain s'en rendre compte.

La bonne volonté du Président est touchante... La France, avec ses dizaines de milliers de réglementations, est devenue une exception baroque au XXIe siècle, comme le notent à intervalles réguliers les experts de l'OCDE, qui déplorent le gaspillage d'énergie et d'argent public qui en résulte. Le fin politique a bien vu dans la simplification un sujet consensuel sur lequel il ne rencontrerait aucune opposition. Chefs d'entreprise, maires, particuliers, directeurs d'hôpital et même fonctionnaires, tout le monde est d'accord...

En janvier 2013, moins d'un an après son arrivée à l'Élysée, François Hollande lance donc sa guerre contre les normes et les complications administratives en tout genre. Il commande un rapport à Thierry Mandon, le député PS de l'Essonne qui se passionne depuis des années pour le sujet. Il crée aussi une commission pour la simplification qu'il confie à un duo de « choc » : Thierry Mandon justement, mais aussi Guillaume Poitrinal, un chef d'entreprise reconnu : il a dirigé avec succès un géant de l'immobilier, le groupe Unibail, et a publié un livre remarqué par le Président[1] qui raconte comment l'administration entrave les entrepreneurs (Poitrinal cite notamment le code de l'urbanisme qui a triplé de volume en quinze ans).

Les deux hommes mettent sur pied dix ateliers « collaboratifs » comprenant des élus, des chefs d'entreprise, des fonctionnaires... Ils font la liste de tout ce qui est absurde. De l'obligation pour tout poste de télévision vendu en France de disposer d'une prise Péritel (alors

---

1. *Plus vite ! La France malade de son temps*, Grasset, 2012.

Ils font semblant de gouverner...

que cela ne sert plus à rien) à celle faite aux boulangers de déposer leurs dates de vacances à l'administration (un héritage de l'Ancien Régime), les deux hommes se plongent avec passion dans l'univers de Courteline et identifient rapidement plus de trois cent cinquante circulaires qui n'ont plus aucun sens.

Sauf que les choses ne se passent pas tout à fait comme prévu. Les sympathiques réformateurs qui ont reçu carte blanche du Président comprennent que la simplification, c'est un peu comme le Paris-Roissy-Express : tout le monde trouve cela très bien, utile et nécessaire. Mais personne n'a vraiment envie de s'y mettre.

Le « choc » tourne court. Ses deux principaux architectes l'ont abandonné en cours de route. Thierry Mandon est passé à un autre sujet en devenant ministre de l'Enseignement supérieur. Guillaume Poitrinal, lui, a repris une PME. Avec son épouse, il construit désormais des maisons en bois et n'a plus le temps de secouer l'administration.

Mais François Hollande fait toujours semblant d'y croire. Et se console en constatant qu'il n'est pas le premier et sûrement pas le dernier !

Le charme discret de la Cosiform

Avant lui, depuis plus de trente ans, chaque gouvernement fait son petit choc de simplification. En 1983, Pierre Mauroy, le premier, a créé une Cosiform (Commission pour la simplification des formalités). En 1995, sous Édouard Balladur, elle est remplacée par le Comité interministériel à la réforme de l'État (Ciré). Un peu plus tard, le Commissariat – le comité a disparu ! – à la réforme de l'État (Cré) est remplacé par la Délégation interministérielle à la réforme de l'État (Diré). Trois ans passent, Lionel Jospin est à Matignon. Il invente la Commission pour les simplifications administratives, la Cosa. Puis il fait rajouter dans un projet de loi[1] quelques phrases qui résument son action : « L'amélioration des droits des citoyens dans leurs relations avec les administrations est une préoccupation constante des pouvoirs publics. Elle se traduit en permanence par des efforts des services de l'État, des collectivités territoriales et des autres services publics afin de délivrer au public les meilleures prestations possibles. » Il fallait bien un projet de loi pour que les choses soient dites !

En 2001, ce sont les sénateurs qui planchent sur la question. Ils proposent de créer une sorte de Conseil d'État de la simplification qui validerait, après le « vrai » Conseil d'État, toutes les lois et tous les règlements, pas sur le fond mais sur la forme. Ce nouveau « machin » comprendrait trois députés, trois sénateurs, trois élus locaux et quelques fonctionnaires. Bref, un étage de plus dans le millefeuille administratif.

En 2002, Lionel Jospin n'est plus là. Mais Jean-Pierre Raffarin reprend le flambeau. Dans son discours de politique générale du 3 juillet 2002, lui aussi veut tout simplifier : « La vie des Français est devenue bien compliquée […]. Dans un certain nombre de domaines qui ne touchent pas aux équilibres fondamentaux de notre République mais qui concernent la paperasse, il y a trop d'ennuis et de tracasseries qui font qu'aujourd'hui les acteurs sociaux et économiques sont transformés en bureaucrates […]. La première mission de mon gouvernement sera de simplifier la vie des Français. » Applaudissements des députés.

---

[1]. Projet de loi présenté par Emile Zuccarelli, ministre de la Fonction publique.

Ils font semblant de gouverner...

En 2003, un an après son arrivée à Matignon, Raffarin n'a pas oublié ses belles paroles. Il crée une Délégation à la modernisation de la gestion publique et des structures de l'État (DMGPSE), une Délégation aux usagers et aux simplifications administratives (Dusa) pour remplacer la Cosa ainsi qu'une Agence pour le développement de l'administration électronique (Adae). Puis en 2005, Dominique de Villepin lui succède. Et que fait-il ? Lui aussi, il simplifie ! Il crée une Direction générale de la modernisation de l'État (DGME). Nicolas Sarkozy ? Même chose. Son grand chantier, c'est la fameuse Revue générale des politiques publiques (RGPP), officiellement mise en place pour « simplifier » les rapports des citoyens et des chefs d'entreprise avec l'État. Il faut un État « plus lisible », « plus moderne » et « tourné vers les usagers », dit le Président. Et comme cette « révision générale » ne suffit pas, à la fin du quinquennat, un Secrétariat général pour la modernisation de l'action publique est mis sur pied. L'ancienne DGME – devenue Direction interministérielle pour la modernisation de l'action publique (Dimap) et la Direction interministérielle des systèmes d'information et de communication (Disic) fusionnent.

Michel Sapin, simplificateur en série

Michel Sapin est aussi un expert du sujet. Quand il arrive à Bercy en 2014, il ne cesse de chanter les louanges de la simplification puisque c'est le vœu du Président. Il connaît la musique. En 1992, il était au même poste et il affichait déjà cette ambition. En 2001, ministre de la Fonction publique dans le gouvernement Jospin, il présidait avec le plus grand sérieux les réunions du comité d'orientation pour la simplification du langage administratif. Il avait d'ailleurs trouvé une formule qu'il répétait aussi souvent que possible : « L'administration doit passer d'une culture de contrôle à une culture de confiance vis-à-vis des usagers. » Quinze ans après, il n'a même pas besoin de faire travailler ses conseillers techniques pour inventer un nouvel argumentaire. En avril 2015, alors qu'il présente un plan pour « l'amélioration des relations entre l'administration fiscale et les entreprises », il défend à nouveau la relation de « confiance » entre l'administration et les usagers... Au risque de se moquer des Français ?

Cet empilement de sigles et d'initiatives pour sim-pli-fi-er a au moins un mérite : faire rire les experts de l'OCDE. « Si l'approche gouvernementale des simplifications administratives en France a beaucoup évolué, elle demeure une constante des politiques publiques[1] », expliquent-ils dans un rapport ironique publié en 2004. Ce document, malgré tous les chocs promis, n'a pas pris une ride.

Le résultat de ces initiatives, comités, commissions et autres commissariats est en effet tout à fait spectaculaire. En 1991, le Conseil d'État relevait l'existence de sept mille cinq cents lois et cent mille décrets. Aujourd'hui, il y a quatre-vingt-cinq codes, plus de dix-huit mille lois et quatre cent mille décrets. Est-il encore temps d'arrêter cette hystérie de la fausse réforme ?

---

1. OCDE, *Rapport sur la simplification administrative en France*, 2004.

10

Des ministres sourds, aveugles... ou inutiles

La vie de Joaquin Masanet a changé le 6 février 2015. Ce soir-là, il a dormi en prison, au terme d'une longue garde à vue. Pourtant, la veille encore, Jo, comme tout le monde l'appelle dans le milieu de la police, tutoyait les ministres de l'Intérieur comme du bon pain. Ce brigadier retraité était président de l'Anas. Ce sigle désigne l'Association nationale d'action sociale de la police nationale, vingt et un mille adhérents, chargée de verser des pensions aux veuves de policiers, de gérer des centres de vacances ainsi qu'une structure d'accueil pour agents en détresse. À première vue, du social, rien que du social. Mais Jo est accusé de « trafic d'influence » et d'« abus de confiance aggravé ». En enquêtant sur tout autre chose, l'IGPN, la police des polices, a fait des découvertes qui laissent supposer que Jo piquait dans la caisse de la veuve et du policier déprimé.

Quand un des centres de vacances construit une piscine, c'est Jo qui choisit le prestataire. Ensuite, l'addition s'allonge : le bassin coûte près d'un million d'euros, ce qui fait cher la brasse, pour un devis initial inférieur à 700 000. Pour ne rien arranger, un chèque de près de 15 000 euros, provenant de

Des ministres sourds, aveugles... ou inutiles

l'entrepreneur, a été déposé sur son compte bancaire personnel.

Jo aime aussi beaucoup aller au restaurant. Enfin, ce qu'il semble préférer, ce sont les notes qu'il peut faire prendre en charge par l'Anas. Car les policiers de l'IGPN constatent qu'il n'est pas toujours attablé là où il prétend l'être quand il présente les factures, pour être remboursé, à la comptabilité de son association. Les frais de bouche indus s'élèveraient, selon l'enquête de l'IGPN, à 60 000 euros[1].

Notre homme n'en est pas à sa première incartade. Il a grimpé dans l'échelle sociale grâce au syndicalisme et a été responsable du syndicat des CRS dans les années quatre-vingt-dix. Déjà, il y a été suspendu pour notes de frais suspectes assorties d'un trou dans la caisse : 1,4 million de francs (220 000 euros) ! Et puis, finalement, il a été condamné en janvier 2003 à 3 000 euros d'amende par le tribunal correctionnel de Marseille. Toujours pour des histoires de chèques. Les entreprises qui achetaient de l'espace publicitaire dans la revue des CRS libellaient les leurs à l'ordre de « CRS ». Un intitulé habilement retouché en « ORS », du nom d'une société créée par des proches à cet effet. La condamnation a été amnistiée et a évité le conseil de discipline à l'intéressé.

Mais là n'est pas l'essentiel. Ce qui laisse le plus interdit dans cette sombre affaire, c'est de constater à quel point les ministres de l'Intérieur successifs ont été mal informés. On pourrait croire qu'ils ont des milliers d'yeux et d'oreilles à leur service pour tout savoir et ne pas commettre d'impairs. Mais non, ils sont en réalité

---

1. Invité à donner son point de vue aux auteurs par l'intermédiaire de l'un de ses avocats, Joaquin Masanet n'a pas donné suite.

sourds, aveugles et passifs. Même envers un homme qui brassait beaucoup d'air Place Beauvau et qui arrivait précédé de sa réputation.

Tous ont reçu Jo dans leur bureau pour écouter ses doléances et ses menaces à peine voilées. Tous ont sympathisé avec lui sans se poser de questions. Le scénario de ces rencontres est toujours le même. Jo explique qu'il connaît tout le monde au ministère et qu'il peut par conséquent soit nuire beaucoup, soit rendre beaucoup de services. Bref, qu'il vaut mieux l'avoir avec soi que contre soi. Il finit par tutoyer son interlocuteur et par lui extorquer son numéro de téléphone portable.

Ce qui est fascinant, c'est que ce petit jeu a fonctionné avec tous ceux qui ont occupé cette haute fonction depuis plus de dix ans. C'est même avec le très aristocratique Dominique de Villepin que le courant est le mieux passé. Jo a tutoyé d'emblée Dominique qui n'a pas moufté. Et qui l'a même nommé au Conseil économique, social et environnemental. Une consécration. Le léger froid avec Nicolas Sarkozy, quand il a succédé à son meilleur ennemi de l'époque, vient de là, pas du passé de Jo ou de ses drôles de manières, qui n'embarrassaient pas le futur chef de l'État lors de son premier passage Place Beauvau, entre 2002 et 2004.

Manuel Valls ? Il l'a reçu lui aussi, mais a levé les yeux au ciel quand l'autre a sorti son cahier de doléances, qui contenait plusieurs dizaines de nominations. Cependant, il n'a fait aucun commentaire désagréable et a gentiment donné son numéro de mobile.

Pourtant, toutes ces éminences ne pouvaient pas ne pas voir à qui elles avaient affaire, mais elles ont fermé

Des ministres sourds, aveugles... ou inutiles

les yeux et laissé déverser plus de deux millions d'euros de subventions par an sur l'Anas. Entre 2012 et 2014, le nombre de permanents mis à disposition de l'association par le ministère de l'Intérieur est même passé de trente à quarante personnes.

Le seul qui ait recouvré la vue, c'est Bernard Cazeneuve. Il est nommé ministre de l'Intérieur le 2 avril 2014. En décembre, il compte sur son voyage officiel en Algérie pour échapper aux vœux de l'Anas, prévus pour le 19 au musée des Arts forains. Quand il apprend cela, l'ami Jo est fou furieux. Il appelle Matignon pour protester : cette mauvaise manière est inacceptable. Finalement, Manuel Valls appelle son successeur pour lui demander de revenir plus tôt afin d'honorer la cérémonie de sa présence. Bernard Cazeneuve s'exécute de mauvaise grâce. Et il ne reçoit l'insistant syndicaliste qu'au mois de janvier suivant. Un délai anormalement long pour cet homme habitué aux courbettes des éminences. À la sortie de l'entretien, le ministre dit à son entourage : « Je ne veux plus jamais avoir affaire à ce grossier personnage. » Cela, Jo ne le sait pas. Ce qui le rend dingue en revanche, comme en attestent les écoutes téléphoniques, c'est d'être ressorti du bureau sans le numéro de portable de Bernard Cazeneuve !

Celui-ci commande immédiatement à l'inspection générale de l'Administration un rapport sur les subventions versées aux œuvres sociales par le ministère. Le document, rendu en avril 2015, est saignant, soulignant par exemple que « le dialogue de gestion est inexistant » et que « l'attribution de subventions se fait sans suivi d'indicateurs de performance ». En bon français, cela signifie que personne ne contrôle rien.

Ils font semblant de gouverner…

C'est le huitième rapport sur le sujet depuis 1997. Mais aucun ministre de l'Intérieur n'a jugé bon de s'y intéresser. De même qu'aucun d'entre eux ne s'est alarmé que Jo ne prenne pas la peine de se rendre aux rendez-vous de « dialogue de gestion » que lui fixe de temps à autre l'administration pour faire le point.

Le ministère, d'ailleurs, n'est pas rancunier. Du temps de Manuel Valls, les personnels détachés à l'Anas ont bénéficié d'un nombre de promotions exceptionnel : les brigadiers sont devenus brigadiers-chefs, les brigadiers-chefs majors, etc.

La direction des ressources humaines de la Place Beauvau envoie fin juillet 2015 un courrier à l'Anas pour lui annoncer qu'elle met fin aux mises à disposition de fonctionnaires du ministère « dans un souci de rationalisation et de clarification budgétaires ». C'est ce qui s'appelle arriver après les carabiniers. Pendant plus d'une décennie, la « rationalisation » n'a semble-t-il occupé l'esprit de personne, alors que plusieurs millions d'euros étaient en jeu. Et même après que la justice a rattrapé Jo, le ministère n'a pas jugé utile de se porter partie civile comme il en avait le loisir.

Des ministres ou des boulets ?

Il n'y a pas seulement des ministres qui ne voient ni n'entendent rien. Il y en a d'autres qui sont tout simplement touristes ou incompétents. C'est le résultat de gouvernements pléthoriques, destinés à remercier, à équilibrer les courants, tout en essayant de donner une

Des ministres sourds, aveugles... ou inutiles

impression de sérieux. Depuis longtemps, les gouvernements qui se succèdent, en France, sont extravagants. Une preuve parmi d'autres ? Manuel Valls est entouré de seize ministres et dix-sept secrétaires d'État, soit au total trente-trois personnes. Ils étaient trente-sept dans le gouvernement Ayrault II, trente autour de François Fillon et trente et un avec Dominique de Villepin. Pour assumer des responsabilités comparables, ils sont dix-huit au Royaume-Uni et quinze en Allemagne. Cherchez l'erreur !

Tout cela coûte cher pour des résultats, comment dire ?... discutables. Quand Pierre Moscovici était à l'Économie et aux Finances, il cohabitait à Bercy avec pas moins de six autres ministres. Parmi eux, Sylvia Pinel, une jeune femme inexpérimentée chargée de l'Artisanat, du Commerce et du Tourisme. Son action était si inconstante que certains énarques de Bercy avaient surnommé l'étage qu'elle occupait le « Pinelistan », une sorte de contrée reculée où il est impossible de savoir ce qui se passe.

Mais ce n'est pas parce qu'on ne fait pas grand-chose dans un ministère qu'il ne faut pas chercher à exister. Ainsi, partait du Pinelistan un bouquet de communiqués de presse annonçant des faits totalement insignifiants. Cet exercice mobilisait des conseillers, mais avait au moins l'avantage de coûter moins cher au contribuable que certains voyages.

Olivier Saby, un énarque qui a effectué son stage à l'ambassade de France à Beyrouth en 2009, raconte ainsi dans un livre en forme de carnet de bord[1] le passage de deux membres du gouvernement de l'époque,

---
1. Olivier Saby, *Promotion Ubu roi. Mes 27 mois sur les bancs de l'ENA*, Flammarion, 2012.

Ils font semblant de gouverner...

le secrétaire d'État à la Francophonie et à la Coopération Alain Joyandet, et la ministre de la Justice Rachida Dati.

Pour se déplacer jusqu'à Beyrouth, le premier dispose d'un alibi : la journée de la Francophonie qui se déroule dans la capitale libanaise le 20 mars. Il prend son temps puisqu'il atterrit à 16 heures, en jet privé s'il vous plaît. La préparation de son séjour a donné des sueurs froides à quelques diplomates. Le secrétaire d'État refuse toutes les propositions de rencontres avec des acteurs de la coopération franco-libanaise. Non, ce qu'il veut, lui aussi, c'est du sensationnel qu'il pourra raconter dans les journaux de sa circonscription et dans les dîners pendant des mois. Ce baroudeur d'un jour veut donc rendre visite aux soldats de la Finul, cette force d'interposition en poste dans le sud du pays, à la frontière avec Israël. Son homologue de la Défense en revient ? Ce n'est pas son problème. Il faut faire venir depuis Paris, aux frais de la République, une équipe du RAID pour sécuriser le déplacement ? Qu'importe !

Le secrétaire d'État condescend tout de même, le lendemain de son arrivée, à rencontrer le président de l'Assemblée nationale, le Premier ministre et le Président du pays qu'il visite. « Il n'a pas grand-chose à dire, raconte Olivier Saby. La conversation est ponctuée de longs silences, les traducteurs regardent le plafond. En sortant des rendez-vous, chargés de rédiger les comptes rendus, nous nous arrachons les cheveux. »

Pendant le déjeuner à la résidence des Pins, où loge l'ambassadeur de France, le secrétaire d'État ne se montre pas plus intéressé par les questions de coopération et de francophonie dont il a la charge. Il préfère

Des ministres sourds, aveugles... ou inutiles

parler de ses liens privilégiés avec Nicolas Sarkozy, qui est, répète-t-il à qui veut l'entendre, le parrain de son fils. La belle affaire !

Puis arrive le moment tant attendu, celui de l'aventure. Après un voyage en hélicoptère qui lui donne l'occasion d'une petite sieste à l'ombre de ses lunettes de soleil, il préfère arpenter les cratères laissés par les bombes plutôt que de s'intéresser au travail d'une femme chiite qui promeut la langue française dans le centre culturel qu'elle dirige. Lorsque celle-ci lui propose, après un petit discours qu'il n'écoute pas, une part de gâteau confectionné spécialement pour lui, le membre du gouvernement décline avec une rare grossièreté : « Non, merci, je n'ai pas faim. »

Le reste du séjour ne relève pas le niveau. Au moment de s'envoler vers Paris, le secrétaire d'État fait stopper l'avion qui roule déjà vers la piste. Il ne trouve plus le numéro de *L'Équipe* qu'il prévoyait de lire pendant son vol.

Un mois plus tard, pas de chance pour les Libanais, c'est Rachida Dati qui manifeste le désir de venir à Beyrouth avant d'être éjectée du gouvernement. Pour quoi faire ? Bonne question. Sur place, les diplomates sont priés de trouver un prétexte. Ils exhument un vieil accord de coopération judiciaire que la ministre n'a même pas pris le temps de survoler.

Rachida arrive très en retard au dîner offert en son honneur par son homologue libanais et se fait prier pour porter un toast. Elle aurait dû, en effet, s'abstenir. Voici ce qu'elle dit : « C'est sympa, le Liban, ça fait longtemps que je voulais venir, je suis assise à côté de madame que je ne connais pas, mais nous papotons depuis tout à l'heure comme si on se connaissait depuis toujours, je lui ai montré les photos de ma fille, c'est

Ils font semblant de gouverner...

vraiment sympa ! » Autour de la table, c'est la consternation.

Avant Hollande, ne l'oublions pas, il y avait Sarkozy et sa « dream team ».

11

« Je ne veux pas réveiller le volcan ! »

François Bachy est le journaliste dont rêvent tous les Présidents. C'est un chic type. Patron du service politique de TF1 jusqu'en 2012, il n'a jamais eu une parole désagréable ni envers ceux qui dirigent le pays, ni pour l'opposition. Et la République le lui a bien rendu. Jacques Chirac en a fait un chevalier de l'ordre du Mérite et l'a lui-même décoré à l'Élysée en 2006 en louant ce « très grand professionnel, rigoureux » et son « souci constant d'objectivité, d'impartialité, de responsabilité ».

François Hollande a fait beaucoup plus que Jacques Chirac. En 2012, trois mois après avoir été élu à l'Élysée, il n'a pas accroché un ruban au revers de la veste de François Bachy. Il s'est occupé de lui trouver un travail. Et un travail bien payé.

Tout comme François Mitterrand, Jacques Chirac et Nicolas Sarkozy se sont beaucoup démenés pour jouer au DRH au bénéfice de leurs proches, François Hollande a vite découvert que nommer des amis dans le besoin à des postes de responsabilité constituait une grosse partie du travail de Président, même si ce n'est évidemment pas la plus médiatisée.

Thierry Repentin, l'ex-ministre délégué à la Formation professionnelle et à l'Apprentissage en 2012,

Ils font semblant de gouverner...

est battu aux élections sénatoriales ? Ce n'est pas si grave. Il est nommé par décret présidentiel[1] à l'inspection générale de l'Administration du développement durable, une maison si généreuse que l'on y trouve un bataillon d'anciens conseillers ministériels des gouvernements Fillon. Marie-Arlette Carlotti, déléguée aux Personnes handicapées et à la Lutte contre l'exclusion, n'est pas reconduite à son poste dans le gouvernement Valls ? Elle est repêchée à la tête du Haut Comité pour le logement des personnes défavorisées. Thierry Rey, l'ex-gendre de Jacques Chirac qui avait appelé à voter Hollande en 2012, n'a plus de travail ? Il devient haut fonctionnaire, comme inspecteur général de la Jeunesse et des Sports. Colette Horel, une vieille copine de l'ENA, s'ennuie à la RATP ? Hop ! La voilà nommée au Conseil d'État.

Le biographe

La carrière de François Bachy à TF1 n'est pas à son sommet en mai 2012 après le ratage des soirées électorales, supplantées par celles de France 2. Ce n'est pas de chance pour quelqu'un qui a tout misé, et depuis longtemps, sur le nouveau Président Il a écrit deux livres dans sa vie. Et les deux traitent du même sujet : François Hollande[2]. Inutile de préciser qu'il ne s'agit pas de portraits à charge !

Dans ses interviews au moment de la sortie de ses livres, Bachy faisait d'ailleurs la promotion de son sujet

---

[1]. *Journal officiel* du 15 février 2015.
[2]. *François Hollande, un destin tranquille*, Plon, 2001 ; *L'Énigme François Hollande*, Plon, 2005.

« Je ne veux pas réveiller le volcan ! »

plus que de l'ouvrage lui même : « Les militants du PS aiment beaucoup leur premier secrétaire. Il est celui qui au Parti socialiste les connaît le mieux, pour avoir effectué bon nombre de fêtes de la Rose et autres meetings […]. Ses points forts, ce sont les militants et l'expérience du pouvoir dans la période 1997-2002, où, en tant que premier secrétaire, il était l'homme politique le plus consulté par Lionel Jospin, le plus écouté et le plus associé, tous les mardis matin, aux décisions du pouvoir en place. Ses points faibles se situent dans son rapport à l'opinion, ce que l'on appelle communément son "manque de charisme" […]. Dans les autres démocraties européennes, c'est le projet gouvernemental qui fait l'élection, chez nous c'est "la rencontre d'un homme et d'un peuple" selon la formule consacrée. Je trouve cela un peu vieillot[1]. »

Seule incongruité dans un discours aussi aimable, les petites piques lancées ici et là contre Ségolène Royal. « Ségolène expose les enfants du couple. Aux critiques, elle répond qu'elle ne veut pas renier sa famille. Je pense qu'elle a tort. » Plus étonnant encore, cette drôle de sortie dans une interview évoquant la future candidate à la présidentielle : « Elle n'est que la compagne de François Hollande. » À l'époque déjà, François Bachy est aux premières loges pour connaître la vie privée du futur Président. Sa meilleure amie est une journaliste nommée Valérie Trierweiler. Quand celle-ci sort de l'ombre, il n'a pas de mots assez admiratifs pour la décrire. « Pour moi, une journaliste de *Paris Match* était par nature un peu superficielle ; elle m'a souvent démontré l'inverse. » Et il continue, emporté par son enthousiasme : « Je l'ai par exemple vue se passionner

---
1. Interview de François Bachy à l'Internaute, février 2006.

Ils font semblant de gouverner...

pour la naissance de l'euro, ou passer de longs moments au téléphone pour convaincre sa rédaction de la nécessité d'un papier sur la conférence intergouvernementale. » C'est tout ? Non : « Que ce soit à Bruxelles ou ailleurs, les nuits des sommets sont souvent longues dans l'attente des conférences de presse. De nombreux journalistes partaient se coucher mais, bien qu'accréditée à un hebdo, Valérie était de toutes les nuits sans sommeil... Cela m'aidait à tenir[1] ! » Voilà ce qui s'appelle avoir le sens de l'amitié ! Elle est à la fois une de ses meilleures sources et une de ses alliées les plus fidèles. Quand elle intègre l'Élysée, elle mène campagne pour que son chéri lui trouve un point de chute avantageux.

Voilà comment le biographe du grand homme a pu éviter les désagréments de Pôle emploi. Pour lui, il a été décidé au sommet de l'État d'une sortie par le haut : directeur de la communication de la Caisse des dépôts et consignations. La CDC ? Cette institution que les Français connaissent mal est le bras armé financier de l'État. Elle gère une partie importante de l'épargne des particuliers, les fonds des collectivités territoriales, ceux des notaires, etc. Au total, plusieurs dizaines de milliards d'euros et des participations dans d'innombrables entreprises du Cac 40.

Mieux encore, François Bachy a aussi intégré le comité de direction et assiste à toutes les réunions stratégiques de la Caisse. Hollande n'a pas eu à se démener beaucoup pour trouver un nouveau travail au journaliste : c'était simple comme un coup de fil à son meilleur ami Jean-Pierre Jouyet, qu'il avait nommé un peu plus tôt patron de la Caisse.

---

1. Constance Vergara, *Valérie, Carla, Cécilia, Bernadette et les autres, en campagne*, Tallandier, 2012.

« Je ne veux pas réveiller le volcan ! »

Rue de Lille, tout près du musée d'Orsay, dans ses nouveaux bureaux, le nouveau venu ne s'est pas senti seul bien longtemps. Au fil du quinquennat, la CDC est devenue une sorte de refuge pour tous les amis de jeunesse du Président. Bernard Cottin avec qui Hollande a fait Sciences-Po et l'ENA ? Il est aujourd'hui chargé de mission du directeur général. André Martinez, avec qui le chef de l'État était à HEC ? Il est le président du conseil d'administration d'Icade, une prospère filiale de la CDC. Et quand, en 2014, Hollande a voulu donner un coup de fouet à son équipe en changeant de secrétaire général à l'Élysée, il n'est pas allé chercher bien loin. Le secrétaire général, Pierre-René Lemas, est devenu patron de la Caisse et Jouyet est parti pour l'Élysée. C'est quand même simple, les nominations !

À la Caisse des dépôts, l'ancien journaliste a pris son rôle très au sérieux. Certains barons de l'institution n'ont pas digéré les SMS comminatoires qu'ils ont reçus lorsqu'ils ont eu l'outrecuidance de s'exprimer dans les médias sans avoir au préalable obtenu son feu vert.

En janvier 2014, après la publication des photos du président sur son scooter, les destinataires des SMS envoyés par le directeur de la communication ont cru tenir leur revanche. C'est François Bachy qui a accompagné Valérie Trierweiler à l'hôpital après sa crise de nerfs. Cette proximité, qui fut longtemps un atout évident, ne devenait-elle pas soudain un handicap ? Ils ont espéré pendant plusieurs semaines voir l'ancien journaliste faire ses cartons. Mais ils ont dû déchanter.

Un soir, lors d'une réception à l'Élysée pour une remise de décoration, un des barons de la Caisse suffisamment intime avec Hollande lui a dit tout le mal que lui-même et d'autres pensaient du directeur de la

Ils font semblant de gouverner...

communication. Réponse embarrassée : « Tu n'y penses pas ! Je ne peux pas. Je ne veux pas réveiller le volcan ! »

Le Président, qui fait la guerre aux djihadistes au Mali, en Irak et en Syrie, n'a peur de rien... sauf de son ex-compagne.

Plutôt que de réveiller ce terrifiant volcan, la direction de la Caisse a trouvé beaucoup plus sage de faire appel aux services de Marie-France Lavarini, l'ancienne attachée de presse de Lionel Jospin, pour « seconder » François Bachy dans sa lourde tâche. Comme la vie est bien faite, celle-ci venait de créer sa propre agence de communication dont le slogan est simple : « Nous voulons apporter à nos clients une approche sur mesure, cousue main et adaptée à chacun. » Elle a décroché un contrat de 600 000 euros par an. François Hollande peut dormir sur ses deux oreilles. Qu'est-ce que 600 000 euros d'argent public pour des dirigeants à ce point obsédés par leur image ?

12

Un bon Samaritain à l'Élysée

« À titre exceptionnel, le label "Grande Cause nationale" sera attribué deux fois en 2015, pour soutenir les luttes contre les dérèglements climatiques et contre le racisme et l'antisémitisme. » C'est un communiqué officiel de Matignon, avec son en-tête bleu-blanc-rouge. Il est daté du 17 avril 2015 et c'est Christian Gravel, le patron du SIG, le Service d'information du gouvernement, qui en est l'auteur. En 2015, la France se battra donc à la fois contre le racisme et contre la pollution.

Chaque année depuis 1977, Matignon se bagarre contre une injustice ou une maladie. En remontant le calendrier, il y a de quoi admirer l'altruisme de nos Premiers ministres, de Raymond Barre à Manuel Valls. L'illettrisme (2013). L'autisme (2012). La solitude (2011). Les violences faites aux femmes (2010). Avant cela, Alzheimer, le sida, le handicap moteur, la violence routière, l'enfance maltraitée ont aussi reçu le label « Grande Cause nationale », qui donne droit à des spots télévisés sur les chaînes de la télévision publique et à quelques facilités.

Jusque-là, pour ne pas disperser les efforts, Matignon choisissait une seule cause par an. Mais en 2015 donc, Manuel Valls double la mise.

Ils font semblant de gouverner...

Compassion présidentielle

À la tête de l'État, où l'on a déjà fort à faire, il y a une chose que l'on adore, c'est l'humanitaire. Cela ne comporte aucun risque et permet de masquer les échecs.

L'Élysée a donc aussi ses « bonnes œuvres ». Chaque Président se doit d'avoir sa grande cause personnelle. Chirac ? C'était le cancer. Sarkozy ? La grande dépendance. François Hollande, lui, a choisi les handicapés. Le Président est ainsi le premier à remettre la Légion d'honneur à un handicapé mental, Jean-Pierre Crépieux.

Début 2015, plusieurs personnalités lui offrent une nouvelle cause sur un plateau. Axel Kahn, Edgar Morin, Julia Kristeva, Tahar Ben Jelloun, Pascal Bruckner, Patrick Poivre d'Arvor, Marcel Rufo et quelques autres signent une pétition pour la « création d'un mémorial en hommage aux personnes handicapées victimes du régime nazi et de Vichy ». Lorsqu'il reçoit la pétition, François Hollande lui apporte évidemment son soutien immédiat. Il annonce même aux signataires qu'il s'en occupera personnellement et qu'il encouragera les « gestes mémoriels » sur ce thème.

Le problème, c'est que cette idée fait s'étrangler d'indignation les historiens : si les nazis visaient effectivement les handicapés dans leur programme d'extermination, Vichy, qui a activement participé à la déportation de milliers de juifs, n'a en revanche jamais eu de politique particulière contre eux.

Jamais à court d'initiatives, François Hollande a aussi accueilli un jeune trisomique en stage dans les cuisines de l'Élysée. Il a surtout abondamment communiqué sur cet événement... Plusieurs médias ont ainsi eu un accès

Un bon Samaritain à l'Élysée

privilégié aux cuisines de la présidence pendant le stage du jeune apprenti.

Même si cette surmédiatisation n'est pas du meilleur goût, la compassion présidentielle est évidemment sympathique et il serait malvenu de mettre en doute sa sincérité. Pourtant, les associations de handicapés et leurs familles ont le sentiment que, désormais, la communication a remplacé l'action. On se demande bien d'où vient cette inquiétude...

De toute façon, les caisses sont vides.

Où est passé l'argent ?

Le premier à s'être rendu compte que les grandes causes coûtaient cher, c'est Nicolas Sarkozy. Il s'était entiché du « très grand âge » et de la « grande dépendance ».

En 2007, pendant la campagne, il annonce qu'il va créer pour cette question spécifique une cinquième branche de la Sécurité sociale et mettre suffisamment de moyens pour compenser la perte d'autonomie. Un million de personnes de plus de soixante ans touchent l'allocation personnalisée d'autonomie et, avec le vieillissement de la population, tout le monde sait que le phénomène va s'amplifier.

Comment cette belle idée est-elle née dans l'esprit du candidat de l'UMP ? C'est Henri de Castries, l'un de ses proches, qui l'a convaincu, lors d'un déjeuner, de mettre le sujet sur la place publique. Un dossier que cet inspecteur des Finances, camarade de promotion de François Hollande à l'ENA, connait bien : Axa, la compagnie d'assurances qu'il dirige, a mis au point depuis plusieurs années un système d'assurances privées contre les aléas de la dépendance destiné aux familles aisées.

Ils font semblant de gouverner...

L'ami de Nicolas Sarkozy a-t-il des arrière-pensées quand il fait son exposé ? Pense-t-il aux retombées possibles d'une pluie d'argent public sur son groupe ? Impossible de l'affirmer.

Au début de son quinquennat, le grand réformateur n'a pas encore oublié ses promesses. « Je veux que la France soit un modèle dans la prise en charge de toutes les personnes dépendantes », dit-il en juin 2007, un mois après son élection. Une mission d'information est aussitôt constituée à l'Assemblée nationale. Le gouvernement est mobilisé.

Roselyne Bachelot, la ministre de la Santé, consulte... Avec cet objectif : mettre au point des mesures concrètes dès 2009.

En 2010, rien n'a encore été entrepris. Lors de ses vœux, le Président continue à expliquer aux Français qu'il veut « relever le défi de la dépendance ». Même chose en février 2011, à la télévision : « Je souhaite que nous réformions la dépendance. » Et puis ? Rien.

En 2012, c'est François Fillon qui explique ce qui s'est passé : « Traiter ce dossier dans le contexte économique et financier que nous connaissons aujourd'hui, dans l'urgence, ne serait pas responsable... » Voilà ce qui s'appelle un enterrement de première classe.

Si Nicolas Sarkozy a mis cinq ans à s'apercevoir qu'il n'y avait plus d'argent dans les caisses pour son grand projet, son prédécesseur, Jacques Chirac, ne s'est jamais soucié des contingences matérielles. Lorsqu'il a lancé son « plan cancer » en 2003, il a tout de suite su où aller chercher l'argent : il a fait les poches de ses ministres au nom de l'effort de guerre contre la maladie. Et comme, à l'époque, personne ne se souciait de la dette publique ni des déficits, l'argent a coulé à flots. Si le bilan « médical » de ce « plan Chirac » a eu plusieurs effets positifs – il a notamment permis plus de collaboration entre les chercheurs et les praticiens, plus de dépistages, etc. –, le bilan « financier » l'est nettement moins. En 2010, les magistrats de la Cour des comptes, qui en ont vu d'autres en matière de gaspillage, sont même tombés de leur chaise. Extraits de leur rapport sur le « plan cancer » : « il n'y a pas de fiches financières », « les comptes rendus interministériels n'apportent aucune précision », « manque de visibilité », « incapacité à reconstituer l'effort budgétaire », « imprécision totale des données financières », « écarts avec les procédures de commandes publiques »...

Au passage, ils ont découvert que le téléphone vert mis en place pour écouter les malades revenait à 800 euros de l'heure (10 millions d'euros sur trois ans pour quelques milliers d'appels), que l'Institut national du cancer et le ministère de la Santé mettaient au point chacun dans leur coin le même logiciel informatique, faute de s'être parlé. Ils ont surtout démasqué plusieurs « profiteurs de guerre ». Une agence de communication a ainsi fait beaucoup plus fort que Bygmalion en facturant à l'Institut national du cancer des cartes de visite à deux euros pièce, des enveloppes à quatre euros pièce, la fabrication d'un rapport annuel à 50 euros l'exemplaire, ou encore la réalisation d'un portrait photographique de la patronne de l'Institut pour 2 750 euros. La mission interministérielle de lutte contre le cancer n'a pas fait non plus les choses à moitié : elle a versé 10 748 euros par mois à une start-up pour la gestion d'un site internet qui n'a jamais existé...

Ils font semblant de gouverner...

L'art de repousser les problèmes

Quelle époque bénie que celle où le Président avait encore les moyens de faire avancer sa grande cause ! Comme Nicolas Sarkozy avant lui, François Hollande n'a plus d'argent. Mais cela ne l'empêche pas de faire toujours plus de promesses. En décembre 2014, il redécouvre les handicapés. Il annonce une mesure-choc : pour l'élection présidentielle de 2017, tous les documents électoraux sur les sites internet des candidats seront rendus accessibles aux non-voyants. Autre mesure phare : les villes accueillant l'Euro 2016 de football feront « en sorte que ces compétitions puissent être totalement accessibles aux personnes en situation de handicap ». Quant à l'école, le programme est d'une précision confondante : elle va s'ouvrir davantage ! « La politique du handicap est plus qu'une politique, dit-il pour annoncer ces belles initiatives. C'est une ambition pour une société qui se grandit à mesure qu'elle se révèle accueillante, innovante et bienveillante. »

Les handicapés ont-ils manifesté leur gratitude ? Pas du tout. Quelques jours avant la conférence nationale sur le handicap du Président, une centaine d'entre eux déchiraient leur carte d'électeur devant les caméras de télévision.

La raison de cette colère ? Le gouvernement venait de prendre une mesure en catimini : allonger le délai dans lequel les transports, les mairies et les lieux publics doivent créer des accès spécifiques pour les handicapés. La loi fixait 2015 comme date butoir pour leur mise en conformité. Le gouvernement a repoussé cette obligation à 2018 ou 2024, selon les cas. Avec la justification habituelle : c'est la faute du gouvernement précédent qui n'a mis en place « ni méthode, ni moyens, ni échéancier » sur le dossier.

C'est tout un art de repousser sans cesse les problèmes en priant pour que cela ne se voie pas trop. Un art qui exige de distraire le peuple sans discontinuer...

13

La fabrique des bonnes nouvelles

C'est un jeu de cartes qui ressemble à ceux avec lesquels jouent les enfants en bas âge. Côté face, il y a des dessins comme dans un jeu de sept familles. Côté pile, de jolies couleurs comme au Monopoly et un petit texte de deux ou trois phrases. Ce sont les équipes de Matignon qui l'ont inventé pour égayer l'ambiance dans le pays. Avec cette recommandation : il faut avoir ces cartes sur soi lors d'un dîner ou d'un réveillon. D'ailleurs, le jeu a été baptisé « Repas de famille ».

La règle est simple : « Quand l'actualité nationale arrive sur la table, ne restez pas sans réponse. À chaque fois qu'un sujet est abordé, vous accéderez à des informations simples et concises pour casser les idées reçues. »

Si votre père est un peu grincheux devant la bûche de Noël parce qu'il paye trop d'impôts et qu'il lance : « Le problème, c'est que l'État dépense trop ! », vous sortez une carte rouge, vous la retournez et vous avez une réponse toute prête : « On n'a jamais fait autant d'économies. D'ailleurs, le déficit est passé de 5,1 % du PIB à 4,1 % en deux ans. »

Un peu plus tard, c'est votre vieille tante. Elle annonce qu'elle s'est fait cambrioler l'été précédent : « On n'est plus en sécurité nulle part. » Pour lui répondre, vous retournez une carte jaune : « Les chiffres de la délinquance sont en baisse. D'ailleurs, l'an passé, le gouvernement a recruté cinq cents gendarmes. »

Le jeu de cartes aborde tous les thèmes : « Il y a trop d'étrangers en France », « Le problème, c'est l'austérité », « Ras-le-bol de la paperasse », « Le gouvernement ne fait rien pour les familles », « La France est foutue, faut se barrer », « C'est la classe moyenne qui trinque », « Se loger, c'est la galère », « Je n'arrive plus à boucler mes fins de mois », etc.

Ce jeu n'est pas l'œuvre d'un gourou au bord du burn-out. C'est du sérieux : à l'automne 2014, en prévision des fêtes de fin d'année, le SIG, le Service d'information du gouvernement, a planché des semaines entières pour réaliser ces cartes aux allures d'antisèches destinées à défendre le régime.

Ce n'est là qu'une toute petite partie du dispositif original mis en place par François Hollande et son grand orchestre de communicants. Cette frénésie de l'image flatteuse touche tous les ministres, même les plus obscurs. Patrick Kanner a envie qu'on le reconnaisse dans la rue ? Patrick qui ? Patrick Kanner, voyons ! Le ministre de la Ville, de la Jeunesse et des Sports. Sur son site internet, il placarde des vidéos de l'humoriste Jamel Debbouze. Cela ne suffit pas ? Il en met une autre des Robins des bois, la troupe déjantée de Canal+. Le clou du spectacle ? Bugs Bunny vole au secours du malheureux ministre. C'est le lapin qui incite les jeunes à s'inscrire sur les listes électorales. Michael Jackson ? Il sert d'appât pour vanter les mérites de la politique du gouvernement en faveur des sportifs handicapés. Il y a aussi Han Solo, l'un des héros de *La Guerre des étoiles*. C'est lui qui souhaite bonne chance : « *May the Force be with you* » à Myriam El Khomri qui vient d'être nommée au ministère du

Ils font semblant de gouverner...

Travail. De la force, il va lui en falloir pour obtenir le renouvellement de son CDD au gouvernement (au fait, madame la ministre, c'est combien de fois ?).

Bougitude

Comment s'appelle cette nouvelle stratégie de communication ? La « bougitude ». Oui, oui, les conseillers techniques de Patrick Kanner ont osé le concept. C'est écrit en toutes lettres sur le site internet du ministère. Dans un autre genre, Thierry Mandon a lui aussi fait preuve de créativité. Quand il était secrétaire d'État à la Réforme et à la Simplification, il s'est transformé en une sorte de Jack Bauer, le héros de la série *24 heures chrono*. Sa websérie à lui, *Coulisses*, n'a connu que deux épisodes diffusés sur le site officiel du gouvernement. À visionner le résultat, on est content pour eux : tout le monde – le réalisateur, l'acteur principal-ministre, les conseillers divers et variés – a l'air d'adorer les sunlights. Après tout, c'est si drôle de faire du cinéma avec l'argent du contribuable.

Nicolas Sarkozy imaginait, lui, deux à trois événements par jour à l'Élysée pour faire croire aux Français qu'il était tout-puissant et surtout qu'il faisait des tas de choses pour eux. Le metteur en scène s'appelait Franck Louvrier, aujourd'hui recasé chez le géant Publicis où il partage son bureau avec Jérôme Batout, qui fit la même chose chez Jean-Marc Ayrault.

François Hollande a très vite compris qu'il aurait du mal à passer pour un hyper-actif. Mais il emploie exactement la même stratégie que son prédécesseur ! Il s'agit de faire croire aux Français que lui et son gouvernement travaillent sans relâche.

La fabrique des bonnes nouvelles

Chaque jour, les abonnés de Twitter peuvent ainsi découvrir une #BonneNouvelle, et parfois même plusieurs en vingt-quatre heures. Ce sont les services de la communication gouvernementale qui déversent ainsi leur pluie d'optimisme sur les réseaux sociaux. Vendredi 13 novembre, on apprend que les ventes de logements neufs progressent de 18 % au troisième trimestre 2015. Par rapport à quoi ? Mystère. Quel bon vendredi décidément puisqu'une autre #BonneNouvelle survient : « L'acquis de croissance est déjà de 1,1 % en 2015. » Pas de quoi pavoiser ? Au contraire : « C'est la preuve de l'efficacité des actions menées ! » La veille, c'était le coût du travail en France qui suscitait des vivats, et un peu plus tôt encore, l'augmentation du nombre de permis de conduire passés pendant l'été.

Il y a tellement de raisons de se réjouir en France que le 5 novembre 2015, le Service d'information du gouvernement a rassemblé toutes les bonnes nouvelles dans un tableau de bord consultable en ligne. Il indique sans aucun doute possible que tous les clignotants sont au vert[1]. Il fallait oser. Mais à la tête de l'État, on n'est jamais à court d'idées pour trouver ces #BonneNouvelle censées redonner aux Français un peu d'optimisme.

Les bisous d'Émilie

Le pays doit avoir confiance en son Président. À l'Élysée, un homme y veille. Il s'appelle Gaspard Gantzer. Ce jeune énarque de trente-cinq ans a accédé à une certaine notoriété avec la diffusion du documentaire d'Yves Jeu-

---

1. http://www.gouvernement.fr/partage/5779-indicateurs-economiques-le-tableau-de-bord-des-bonnesnouvelles

Ils font semblant de gouverner...

land *Un temps de Président*[1] dans lequel il apparaît comme le deuxième personnage le plus important de l'État.

Dans le bureau de la propagande qu'il dirige, on peut tout se permettre. Et personne ne s'en prive. À commencer par Gaspard Gantzer lui-même et sa femme, Émilie Lang, elle aussi – la vie est bien faite – attachée de presse à l'Élysée. Leurs comptes Facebook respectifs participent sans doute de cette stratégie « 2.0 » pour faire réélire François Hollande. Mais entre deux communiqués et deux photos officielles des déplacements du Président, que Gaspard et Émilie diffusent l'un et l'autre toute la journée à leurs milliers de contacts, dont la plupart sont des journalistes, les « nouvelles stars » de l'Élysée s'accordent quelques moments de respiration.

Un article de la presse féminine explique que les femmes ont besoin de dormir plus longtemps que les hommes le week-end ? Et hop ! L'attachée de presse du président de la République envoie le commentaire suivant à son mari et patron : « Prends-en de la graine, mon chéri ! » Ses 2 337 contacts[2] en profitent aussi. Il fallait oser.

Un article de presse évoque le rôle de son mari auprès du Président ? Et hop ! Les « amis » de Gaspard ont droit à trois petits cœurs de la dame. Et lui ? Entre deux discours de François Hollande, il poste sur son compte Facebook (et par la même occasion à ses 4 997 « amis »[3]) une photo de sa femme avec des petits cœurs. Émilie Lang aime un groupe de rock ? Et hop ! Gaspard like. Gaspard est convaincu d'avoir réussi un déplacement présidentiel ? Et hop ! C'est Émilie qui like. Les sondages montent. Un like. Trop mignon.

---

1. Diffusé sur France 3, le 28 septembre 2015.
2. Au 4 novembre 2015.
3. Au 4 novembre 2015.

La fabrique des bonnes nouvelles

Vous tombez de l'armoire ? Vous pensez que le temps de deux conseillers importants à l'Élysée pourrait être utilisé de manière moins futile ? Vous êtes crispé à l'idée que l'argent des contribuables, sur lequel François Hollande veille paraît-il jalousement, est gaspillé de façon scandaleuse ? Vous n'y êtes pas. C'est maintenant, en action, la présidence normale que nous avait promis le vertueux candidat de 2012.

Avec leurs amis, qui travaillent eux aussi très dur chez Manuel Valls, c'est la même chose. Christian Gravel et Romain Pigenel sont les patrons du SIG, le Service d'information du gouvernement. Ils ont réalisé une percée conceptuelle de plus grande ampleur encore. Ils ont lancé un nouveau site internet qui détourne les images de *House of Cards* pour expliquer que, contrairement au héros de cette série, Hollande et Valls, eux, ne sont pas du tout cyniques et ne travaillent que pour la France. Gaspard like. Émilie aussi ?

Même dispositif avec la série *Game of Thrones*. Gravel et Pigenel, qui disposent d'un budget annuel de 13 millions d'euros pour faire tourner la start-up gouvernementale, ont copié le concept et écrit une « Lettre aux familles nobles des sept royaumes ». Pour raconter que le gouvernement fait beaucoup pour réduire le chômage des jeunes, ils ont imaginé un parchemin qu'ils ont publié sur le site internet www.gouvernement.fr. Extrait : « Trop de jouvenceaux errent sur les routes du royaume, abandonnés de tous et n'ayant pas la chance de bénéficier de l'enseignement des mestres, faites ordonner par ordonnance royale un grand plan pour trouver à chacun un métier honnête à exercer. » Vous pensez qu'il s'agit d'une invention abracadabrante ? Pas du tout. Les jouvenceaux sont bien là, sur le site internet du gouvernement. Jusqu'au moment où, rattrapée par le ridicule, cette création originale sera retirée en catastrophe.

Gaspard, lui, est fan : il like.

Ludification

Lorsqu'on rencontre Christian Gravel... Pardon, monsieur le préfet Christian Gravel – celui-ci a été nommé en avril 2015 préfet hors cadre en guise de remerciement. Lorsqu'on rencontre, donc, le préfet Gravel dans son grand bureau dont les fenêtres donnent sur les Invalides, celui-ci offre un décryptage de cette stratégie avec un certain contentement : « Ces films, ces innovations, c'est le moyen de parler aux jeunes d'une autre manière. Ils ne lisent plus les journaux. Ils ne regardent pas la télévision. Si on veut leur parler, c'est à nous de nous adapter en faisant des parodies de leurs séries cultes. »

Dans un brief qu'il a réalisé pour les communicants du gouvernement en novembre 2015, Romain Pigenel, un Normalien de trente-quatre ans, numéro deux du SIG, a théorisé tout cela. Il s'agit, dit-il, de « la ludification de la parole publique ». Pour « reconstruire la désirabilité de la parole publique », il faut rétablir la « souveraineté informationnelle » de la puissance publique et employer les mêmes armes que celles du web. En clair, puisque plus personne n'écoute le gouvernement, il faut faire drôle et moderne...

Tout cela est éminemment subtil. En octobre 2015, les communicants de l'Élysée publient ainsi un reportage sur la visite de François Hollande dans un zoo en Normandie. Le Président s'extasie sur un jeune panda. Faut-il rire ? Est-ce de la ludification ? Est-ce une parodie d'un épisode de *Groland* ? Eh bien non. Cette fois-ci, c'est du sérieux. Lorsque Jean-Marc Ayrault fait réaliser un web documentaire pour le site du Premier ministre où l'on retient qu'il a trois à quatre réunions par jour et que trois cents personnes déjeunent et dînent à Matignon tous les jours, est-ce du sérieux ? Est-ce un plagiat d'une émission de *Capital* ? Non. Pas du tout. C'est pour de vrai.

À force de « ludifier » toute la journée, Philippe Guibert, le prédécesseur de Christian Gravel à la tête du SIG, s'est emmêlé les pinceaux. Lors de la visite du Président chinois Xi Jinping en France en mai 2014, il a posté sur son compte Twitter un « Bienvenue au Président » avec l'affiche du film *Les Chinois à Paris* de Jean Yanne (1974) qui tourne en ridicule les représentants de l'empire du Milieu. Dans son esprit, il ludifiait. Mais quand le cabinet de Laurent Fabius, au Quai d'Orsay, chargé d'organiser la visite du Président chinois, s'en est rendu compte, les diplomates ont mis le holà. On ne tourne pas en ridicule un invité officiel, et surtout pas le maître de la Chine. Philippe Guibert, le communicant de Matignon, a donc retiré sa bonne blague. Tant que c'est pour les Français, pas de problème, on peut dire n'importe quoi. Mais pas pour les Chinois.

14

Ils n'ont pas de métier

Thomas Thévenoud est le plus célèbre d'entre eux. À tout juste quarante ans, ce carriériste de la politique entre au gouvernement de Manuel Valls comme secrétaire d'État chargé du Commerce extérieur, du Développement et du Tourisme. Il le demeure neuf jours, pas un de plus. Il n'a pas payé ses impôts depuis trois ans.

Il est vrai que l'homme ne connaît rien de la vraie vie, celle que mènent ses électeurs de Saône-et-Loire. Il fait partie de cette génération qui a grandi entre les cabinets ministériels, comme petites mains, et l'Assemblée nationale, comme assistants parlementaires. Montés en graine et en grade, ils ont fini, à l'usure si l'on peut dire, par devenir députés ou ministres. Et ne savent rien faire d'autre.

Le cas Thévenoud est certes caricatural – tous les permanents politiques devenus députés ne souffrent pas du même mal que lui –, mais il incarne parfaitement les préoccupations partagées au sein de ce nouveau groupe socioprofessionnel entré en force à l'Assemblée nationale en 2012. Quand il est chassé du gouvernement, il revient donc à l'Assemblée sous les lazzis. Il doit démissionner de son groupe parlementaire car le PS ne veut plus de lui, qui joua un rôle actif et morali-

Ils n'ont pas de métier

sateur dans la commission d'enquête parlementaire sur l'affaire Cahuzac et... la fraude fiscale. Plus personne ne lui parle lors de ses rares apparitions mais il résiste. Ses anciens amis font un cordon sanitaire autour de lui pour le dégoûter et le forcer à partir. À la cantine de l'Assemblée, il déjeune seul, sous les regards hostiles. Mais il reste. Il n'a pas le choix.

Pendant très longtemps, ce sont les fonctionnaires qui ont peuplé l'hémicycle et les énarques qui ont collectionné les portefeuilles de ministres. Formatés dans le même moule, celui de la fonction publique, ils sont munis d'un bon parachute qui leur permet de retourner d'où ils viennent en cas de revers. Cette absolue sécurité est bien entendu un privilège choquant. Mais bien moins dangereux, finalement, pour l'intérêt général, que la peur du chômage qui hante la nouvelle génération.

Trente ans et des poussières

Manuel Valls est l'archétype de ce système. Le chef du gouvernement n'a jamais travaillé dans une entreprise. Pas davantage dans une administration. Il est devenu attaché parlementaire du député de l'Ardèche Robert Chapuis en 1983, à tout juste vingt et un ans. Cinq ans plus tard, il intégrait le cabinet de Michel Rocard à Matignon.

Numéro deux du gouvernement, Laurent Fabius a-t-il connu d'autres horizons ? Pas vraiment. Il a fait un court passage au Conseil d'État à sa sortie de l'ENA, avant de devenir directeur de cabinet de François Mitterrand et d'entreprendre une longue carrière ministérielle.

Ils font semblant de gouverner...

Appartenant à la même génération, Ségolène Royal incarne ce genre de trajectoire. Elle aussi n'a pas eu le temps de s'attarder dans la fonction publique après sa sortie de l'ENA, puisqu'elle a rejoint l'Élysée de Mitterrand presque immédiatement. Le ministre des Finances, Michel Sapin ? Sorti de l'ENA en 1980, comme Ségolène, affecté aux tribunaux administratifs comme elle, il est élu député de l'Indre en 1981, à l'âge de vingt-neuf ans.

La ministre du Travail Myriam El Khomri, désormais célèbre pour son expertise sur les CDD, n'a quant à elle qu'une connaissance très indirecte du sujet qu'elle est censée traiter. Avant d'entrer au gouvernement, elle n'a connu que la mairie de Paris, comme collaboratrice puis comme élue.

Harlem Désir, secrétaire d'État aux Affaires européennes ? Lui non plus n'a jamais exercé le moindre métier. Ah si ! Il fut pendant quelque temps animateur à la radio. Sinon, avant de devenir apparatchik au PS, son expérience professionnelle s'est résumée à la présidence de SOS Racisme et à un emploi fictif pendant quelques mois[1].

La liste est presque aussi longue que celle des ministres. Marisol Touraine, ministre des Affaires sociales, est passée presque directement de l'ENA au cabinet de Michel Rocard à Matignon. Sylvia Pinel, sa collègue chargée du Logement, n'a connu que les bureaux du conseil général du Tarn-et-Garonne, fief de son « protecteur »

---

1. En 1998, Harlem Désir a écopé de dix-huit mois de prison avec sursis et 30 000 francs d'amende pour « recel d'abus de confiance ». En cause, son emploi fictif comme formateur dans une association lilloise entre novembre 1986 et octobre 1987, alors qu'il occupait la présidence de SOS Racisme.

Ils n'ont pas de métier

Jean-Michel Baylet, avant d'être élue députée puis nommée ministre...

Parmi les poids lourds du gouvernement, Emmanuel Macron fait figure d'exception puisqu'il a travaillé à la banque Rothschild. Il est le contre-exemple absolu, puisqu'il est sûr de retrouver du travail dans l'heure qui suit son départ du gouvernement. Ce n'est donc pas un hasard s'il ne redoute pas d'exprimer des idées très iconoclastes à gauche telle la fin de l'emploi à vie pour les fonctionnaires. Il est libre et n'attend ni une élection ni une nomination pour faire son chemin.

L'hémicycle des apparatchiks

L'Assemblée nationale non plus n'a jamais réuni autant d'élus sans métier, directement issus du syndicalisme étudiant ou de la filière des attachés parlementaires. Le premier dans la liste alphabétique, Damien Abad, âgé de trente-cinq ans, est député Les Républicains de l'Ain depuis 2012. Il est entré au groupe UDF puis Nouveau Centre à l'Assemblée nationale comme chargé d'études. Bref, il n'a jamais rien connu d'autre que les partis.

Mais à ce jeu, la gauche l'emporte largement, notamment grâce aux troupes fraîches que le syndicalisme étudiant fournit au Parti socialiste. Ils sont nombreux à y avoir fait leurs classes, à commencer par le président du groupe socialiste, Bruno Le Roux, qui a démarré dans la vie comme vice-président de la Mnef, avant de devenir permanent au PS.

Benoît Hamon, l'ancien ministre de l'Éducation nationale, a suivi le même parcours avec un détour par deux sociétés de sondages. En 2009, lorsqu'il est battu aux

Ils font semblant de gouverner...

élections européennes, le porte-parole du PS n'a plus de revenus et procède donc à une reconversion, ce qui est suffisamment rare dans ce milieu pour être mentionné.

Pouria Amirshahi appartient à la mouvance du syndicalisme étudiant à l'Unef puis de la Mnef, avant de devenir cadre dans la fonction publique territoriale. Une trajectoire comparable à celle de l'éphémère ministre de Jean-Marc Ayrault Delphine Batho, qui a démarré jeune comme présidente de la Fidl, la Fédération indépendante et démocratique lycéenne, satellite du Parti socialiste. Un passage à la vice-présidence de SOS Racisme et la voici au PS, rémunérée comme collaboratrice de Julien Dray, un vieux copain, au conseil régional d'Île-de-France.

Leur camarade Luc Belot a lui aussi connu une ascension fulgurante grâce à l'Unef-ID, avant de devenir assistant parlementaire au Sénat. Il a au moins la franchise d'annoncer la couleur sur la biographie qu'il a mise en ligne à l'Assemblée nationale, où il se définit comme « permanent politique », tout comme Frédéric Roig, Gisèle Biémouret, ou encore l'écologiste François de Rugy.

C'est beaucoup plus honnête que leur collègue Christophe Borgel, ex-président de l'Unef-ID. Celui-ci ne trouve rien de mieux que de se présenter comme « industriel, chef d'entreprise ». Ah bon ? On se souvenait de lui comme inspecteur à l'Académie de Paris, une planque qui avait été dénoncée par la Cour des comptes[1], puis collaborateur de Dominique Strauss-Kahn au conseil régional d'Île-de-France, au moment de la première traversée du désert de DSK consécutive à l'affaire de la Mnef. Mais industriel, c'est une fameuse

---

1. Dans son rapport public annuel 2010.

nouvelle ! En vérité, Christophe Borgel a simplement créé en 2012 une structure de consulting pour collectivités locales baptisée Territoires, Formation et Conseil. Quelle est l'activité réelle de cette société ? Est-elle rentable ? Impossible de le savoir : ses comptes n'ont pas été déposés au greffe du tribunal de commerce comme la loi l'exige. Remarquons simplement qu'elle opère loin de l'industrie, dans le marigot des collectivités locales.

Razzy Hammadi, ancien président du Mouvement des Jeunes socialistes et député de Seine-Saint-Denis, assure pour sa part qu'il est consultant. En dehors de ses activités d'apparatchik au PS, il a émargé deux ans chez MAAT, une société spécialisée dans le logement social : la réalité de ses prestations a été mise en cause par *Le Canard enchaîné* en février 2012. Lui jure qu'il travaillait vraiment, et à temps plein...

« Économiste », c'est ainsi que se définit Maurice Leroy, député UDI du Loir-et-Cher, titulaire d'un diplôme d'expertise comptable. En réalité, « Momo », bien connu en politique pour son sens de l'humour débordant, a fait ses classes dans un syndicat d'étudiants communistes, puis a directement rejoint le cabinet de plusieurs élus du PCF. C'est au Sénat qu'il rencontre Charles Pasqua, dont il devient un collaborateur avant de faire une expérience de cabinet ministériel au côté d'Éric Raoult, chargé de la Ville dans le gouvernement Juppé. Et comme ce multicartes connaît tout le monde, il a fini par trouver, en 1997, une circonscription chez les centristes. Ses travaux d'« économiste », en revanche, restent totalement méconnus.

Les tentatives de camouflage pour meubler le vide sidéral d'un curriculum vitae sont multiples et parfois touchantes. Malek Boutih, qui se définit comme « cadre supérieur du secteur privé » ? Sûrement un souvenir de

Ils font semblant de gouverner...

la période où il a fondé à Grigny la Maison des potes de SOS Racisme et était rédacteur en chef de la revue *Pote à pote*...

Jean-Christophe Cambadélis n'est pas mal non plus. Le premier secrétaire du PS se présente comme « conseiller en communication ». Un comble au regard de l'image dégradée du parti qu'il dirige. En vérité, il a été un étudiant tardif : né en 1951, il a présidé l'Unef-ID jusqu'en 1984. Il avait alors... trente-trois ans ! Ensuite, cet ancien trotskiste a vendu chèrement sa peau au PS qui lui a trouvé une circonscription à Paris dès 1988.

À eux tous, les ex-syndicalistes étudiants pourraient largement former un groupe à l'Assemblée nationale !

Les anciens attachés parlementaires aussi. Benoist Apparu, ministre du Logement de François Fillon, commence sa carrière comme assistant de Bruno Bourg-Broc, député de la Marne, auquel il succède en 2007.

Son collègue socialiste Philippe Baumel a connu les cabinets ministériels et le Sénat, comme assistant parlementaire, avant de rejoindre l'Assemblée nationale en 2012. Le Vert Denis Baupin a, quant à lui, fait ses armes dans les coulisses du Parlement européen après avoir passé quelque temps à la tête de l'association Terre des hommes.

L'Alsacien Philippe Bies n'a connu professionnellement que des mairies socialistes, dont celle de Strasbourg. Son camarade du PS Erwann Binet a été attaché parlementaire de Louis Mermaz à vingt-quatre ans. Patrick Bloche a pour sa part tout appris de Georges Sarre, un élu parisien proche de Jean-Pierre Chevènement auquel il succède comme maire du 11e arrondissement de Paris en 2008. Il est entré à l'Assemblée nationale pour la première fois en 1995.

Ils n'ont pas de métier

Alain Chrétien (Les Républicains) a été, pour toute expérience professionnelle, assistant parlementaire d'Alain Joyandet, sénateur-maire de Vesoul. Éric Ciotti a fait de même dans les Alpes-Maritimes. Et Christophe Guilloteau, député et président du conseil départemental du Rhône, aussi. À gauche, Romain Colas, suppléant de Thierry Mandon, a été le collaborateur de François Lamy, l'ancien ministre chargé de la Ville. Et Corinne Erhel, Estelle Grelier, David Comet ou Olivier Dussopt ? Ils sont tous d'ex-assistants parlementaires de gauche. La Verte Barbara Pompili également, qui a travaillé sur la campagne présidentielle de Noël Mamère puis a été assistante du député Yves Cochet. Gwendal Rouillard a suivi au PS le même parcours : attaché à la personne de Jean-Yves Le Drian pendant des années, après avoir commencé comme chargé de mission pour la minorité de gauche au conseil général du Morbihan. Guillaume Garot, fils d'un ancien élu européen, se place dès sa sortie de l'université dans le sillage de Daniel Vaillant, qu'il suit quand celui-ci devient ministre de l'Intérieur.

Pour devenir député en 2016, il existe une troisième voie, qui n'est d'ailleurs pas incompatible avec les deux précédentes : se faire embaucher par une grande municipalité, un département, une région. Il faut bien évidemment payer de sa personne dans le travail militant pour espérer être un jour récompensé. Voire y consacrer la quasi-totalité de son temps, sans toutefois donner l'impression d'occuper un emploi fictif. Un équilibre compliqué…

Au Parti socialiste, il y a deux Bachelay, Alexis et Guillaume, tous deux quadragénaires et tous deux immergés dans le chaudron politique dès le plus jeune âge. Alexis travaille pour la ville de Nanterre puis devient conseiller municipal de Colombes, un tremplin pour ravir, en

Ils font semblant de gouverner...

2012, une circonscription dans les Hauts-de-Seine. Guillaume est arrivé au PS dans le sillage de Laurent Fabius, à vingt-deux ans. Il n'en est jamais reparti, devenant une des plumes des éléphants. C'est tout naturellement qu'en 2012 il est élu député de Seine-Maritime, le fief de son ancien mentor.

Dans l'hémicycle, il y a aussi deux Marleix, mais ce sont le père et le fils. Le premier, Alain, se présente comme « ancien journaliste » sur sa biographie officielle de parlementaire. Il l'a été, en effet, mais uniquement dans le quotidien du parti gaulliste, *La Nation,* puis est devenu un apparatchik du RPR. Le second, Olivier, fait à peu près pareil, le journalisme en moins, les cabinets ministériels en plus. Franck Marlin ? Chef puis directeur de cabinet de Xavier Dugoin, sa principale incursion dans le monde réel a été la présidence... de la base de plein air et de loisirs d'Étampes.

La liste pourrait encore s'allonger mais le principe demeure le même : celui de la survie d'une espèce menacée par le chômage. Imaginons une étudiante titulaire d'un master I, qui décide d'abandonner ses études pour tout donner à la politique. Elle a vingt-deux ans, elle se présente comme députée et est élue. Eh bien, elle existe : elle s'appelle Marion Maréchal-Le Pen et est, elle aussi, condamnée à durer en politique.

Voilà donc une jeune personne bien installée dans un système qu'elle passe son temps, avec sa tante et son grand-père, à dénoncer. Elle pourra aussi nous expliquer, lors de son prochain passage à la télévision, comment elle est persécutée par les médias.

II

... ET QUAND ILS GOUVERNENT, C'EST ENCORE PIRE

15

La loge qui fait peur

Dans son immense bureau situé dans les beaux quartiers de Paris, un oligarque devise. Ses souliers impeccables s'enfoncent dans l'épaisse moquette. Ses yeux pétillent d'excitation... et de crainte. En cette fin d'été 2015, il aborde le sujet qui lui tient à cœur : la guerre entre « cathos » et « francs-maçons » au sommet de l'État. « Il y a une sorte de loge composée de patrons, d'affairistes, de hauts fonctionnaires, et d'un ou deux hommes politiques qui déploie beaucoup d'énergie pour placer ses membres à des postes de pouvoir, se lance-t-il. Par commodité, je les appelle les francs-maçons, parce que, pour la plupart, c'est cette affiliation qui les a réunis. À l'Élysée, au ministère de l'Économie, il y a heureusement des décideurs qui entendent bien freiner leur appétit de conquête. Par commodité, je les appelle les cathos, même s'ils ne s'affichent pas tous comme tels. Disons que ce sont des gens qui ont le sens de l'intérêt général, et qui ne veulent pas voir des pans entiers de l'État colonisés par une petite bande déterminée et sans aucun frein social. Parmi mes amis hauts fonctionnaires qui se trouvent en première ligne pour observer et contrer leurs agissements, certains la désignent comme la loge qui fait peur. C'est un peu exagéré mais pas infondé. »

... Et quand ils gouvernent, c'est encore pire

Mais qu'est-ce qui pousse ainsi des membres estampillés de la nomenklatura à dénoncer l'influence présumée d'une quinzaine d'hommes – il n'y a pas de femmes dans la loge qui fait peur – moins diplômés et a priori moins puissants qu'eux ? Le sentiment désagréable d'avoir perdu du terrain, parce qu'à l'Élysée la maison n'est pas tenue et que les réseaux peuvent en prendre à leur aise.

La nature a horreur du vide. Mais les intrigants, eux, savent en profiter. Pendant que le Président, d'hier ou d'aujourd'hui, pense à sa réélection, à son image et aux voyages officiels prestigieux qu'il pourrait entreprendre pour tutoyer les grands de ce monde, des manœuvres, insoupçonnées des Français, se déploient en coulisse.

La loge qui fait peur commence à se faire remarquer en 2004. À l'époque, Nicolas Sarkozy est ministre de l'Économie et des Finances, et François Hollande, premier secrétaire du PS, a raté toutes les occasions d'entrer dans un gouvernement de gauche. À l'Élysée, Chirac s'est fait réélire deux ans plus tôt. Le patron d'EDF s'appelle François Roussely. Cet énarque était le directeur de cabinet de Pierre Joxe au ministère de la Défense, au début des années quatre-vingt-dix. C'est là que sont nées les premières solidarités. Son mandat se termine et ses amis s'activent pour son renouvellement. EDF est à la fois une forteresse et un coffre-fort qui excite de nombreuses convoitises : l'entreprise publique est riche, puissante, tournée vers les grands contrats internationaux et impliquée dans un secteur qui fascine, le nucléaire. Et, en France, cette filière est un peu un État dans l'État depuis le général de Gaulle.

Le Président, Jacques Chirac, se fiche de la reconduction de Roussely. Mais son Premier ministre, Jean-

La loge qui fait peur

Pierre Raffarin, est intrigué. Ce qui trouble le chef du gouvernement, c'est la rafale de coups de téléphone qu'il reçoit avec insistance pour soutenir Roussely. C'est trop. C'est suspect. Qu'est-ce qui peut motiver un tel acharnement ? Alain Bauer, par exemple, ne le lâche pas. Cet ancien grand maître du Grand Orient, ami intime de Manuel Valls et de Stéphane Fouks, le patron d'EuroRSCG, qui travaille beaucoup pour Roussely à EDF, appelle à l'hôtel Matignon sans relâche. Henri Proglio, le patron de Veolia, qui se rêve en parrain de l'énergie en France, est lui aussi à la manœuvre.

Jean-Pierre Raffarin est plus qu'irrité par tout ce manège, d'autant qu'un des protagonistes de cette opération a prononcé un peu trop fort cette agréable sentence qui lui est revenue aux oreilles : « Raffarin croit qu'il est Premier ministre. » Le chef du gouvernement décide de relever l'affront et de mettre sa démission dans la balance : c'est Roussely ou lui ! Chirac cède. La loge qui fait peur enrage. Et attend son heure.

Elle croit la voir venir cinq ans plus tard. Début 2009, Chirac et Raffarin ne sont plus là. Et les membres de la loge sont à présent accueillis à bras ouverts par le secrétaire général de l'Elysée Claude Guéant. Et cela tombe bien car le poste de président du conseil de surveillance d'Areva est vacant. Notre oligarque aux souliers enfouis dans la moquette se souvient bien de cet épisode. L'idée est d'y propulser un « frère », afin qu'il mène la vie dure à Anne Lauvergeon, la présidente du directoire et ennemie numéro un de la bande, celle qui empêche toutes les alliances et toutes les combinaisons. Ce candidat, c'est Yazid Sabeg, patron de Communication et Systèmes, une société liée à l'industrie de la Défense,

... Et quand ils gouvernent, c'est encore pire

un proche de Jean-Louis Borloo, ministre de l'Écologie. Il vient d'être nommé commissaire à la diversité et à l'égalité des chances par Nicolas Sarkozy. Il est soutenu par Claude Guéant. Il est donc bien en cour lui aussi.

Mais voilà que deux personnages s'en mêlent. Le Premier ministre, François Fillon, joue le même rôle que Jean-Pierre Raffarin cinq ans auparavant. Il est las, lui aussi, de recevoir des coups de téléphone de tous ces francs-maçons pour soutenir ce cher Yazid. Alain Minc, qui chuchote à l'oreille de nombreux grands patrons et plus encore à celle de Nicolas Sarkozy, se fend carrément d'un petit mot au Président.

Cet inspecteur des Finances, qui aime être de beaucoup de secrets et de toutes les grandes manœuvres, doit à son carnet d'adresses d'avoir survécu à toutes ses erreurs et à toutes les inimitiés qu'il suscite. « Mais cette fois, il était prêt à prendre des risques, raconte notre oligarque. Il avait vraiment conscience du danger. » Le message que Minc envoie à son ami Nicolas est, en substance, le suivant : ce serait une erreur historique de nommer Sabeg à un tel poste stratégique, qui requiert un sens aigu de l'intérêt général. Et si tu crois que je ne suis mû que par l'antipathie, téléphone à ces deux personnes pour savoir ce qu'elles en pensent. Suivent les noms de Vincent Bolloré, qui deviendra l'homme fort de Vivendi Universal, et de René Ricol, qui vient d'être nommé médiateur du crédit par Nicolas Sarkozy. Tous deux, semble-t-il, remplissent leur mission selon les vœux d'Alain Minc. L'épouse de l'un d'entre eux est d'ailleurs épouvantée quand elle découvre que celui auquel son mari parle avec une telle véhémence au téléphone n'est autre que le président de la République. Exit donc Yazid Sabeg.

La loge qui fait peur

La revanche.... et la revanche de la revanche

C'est une deuxième défaite pour cette loge frappée de mégalomanie ! Mais quelques mois plus tard, en novembre 2009, le vent tourne en sa faveur. Henri Proglio, l'un de ses meilleurs éléments, est nommé à la tête d'EDF par Nicolas Sarkozy, tout en gardant la présidence non exécutive de Veolia, qu'il sera obligé d'abandonner un peu plus tard quand sera révélée la double rémunération qu'il souhaite cumuler. À l'époque pourtant, et malgré la pression intense exercée par ses amis, il n'était pas le premier choix du Président, qui envisageait de propulser à la tête du groupe d'électricité Philippe Camus, l'ex-patron d'EADS, un homme à la moralité irréprochable. Alors qu'EDF manipule beaucoup d'argent, notamment avec les grands contrats à l'export, cette qualité est loin d'être anecdotique. Mais Claude Guéant, le secrétaire général de l'Élysée, a soutenu Henri Proglio de toutes ses forces. Les deux hommes ont un ami commun, le très romanesque Alexandre Djouhri, qui fait profession d'intermédiaire et sait apprivoiser hauts fonctionnaires, hommes du renseignement, ministres et diplomates, de Dominique de Villepin à l'ancien patron du renseignement intérieur, Bernard Squarcini, en passant par Claude Guéant.

Ce dernier a posé fort opportunément sur le bureau de Nicolas Sarkozy un dossier sur la situation fiscale de Philippe Camus : comme président d'Alcatel-Lucent, celui-ci ne paie pas ses impôts en France mais aux États-Unis, ce qui est parfaitement légal puisqu'il passe la majorité de son temps dans ce pays. Ensuite, il était facile d'écarter l'hypothèse Camus : comment réagirait

... Et quand ils gouvernent, c'est encore pire

la CGT, très puissante à EDF, si elle apprenait que le nouveau patron est un résident fiscal américain ?

C'est donc Henri Proglio qui a hérité du poste. Et que fait-il à la tête de la plus grande entreprise publique française ? Il rêve de développement durable ? Il se réjouit de la flambée des prix du pétrole qui donne à ses technologies un formidable avantage compétitif ? Il met fin aux privilèges insensés des agents EDF ? Pas du tout. Il commence par augmenter royalement ces derniers. Après tout, ce n'est pas grave, c'est l'usager qui paiera. Mais surtout, il reprend la guerre sans merci contre Anne Lauvergeon, la patronne d'Areva. Il est temps de faire tomber dans l'escarcelle de la loge ce groupe industriel dont lui et ses amis – ses frères ? – rêvent depuis si longtemps. François Roussely, recasé au Crédit suisse, rédige d'ailleurs un rapport dans ce sens à l'intention de Nicolas Sarkozy en juillet 2010.

Ces cinq années de guérilla portent leurs fruits. Anne Lauvergeon n'a eu besoin de personne pour multiplier les faux pas et les aventures industrielles hasardeuses, telle l'affaire UraMin[1]. Mais lors de ses dernières années chez Areva, elle a passé le plus clair de son temps à allumer des contre-feux permanents pour parer les assauts et les opérations de déstabilisation de la loge. Elle n'est pas reconduite à sa propre succession en 2011.

Celle d'Henri Proglio, en octobre 2014, semble en revanche acquise. La conjonction des astres est même

---

1. UraMin est une entreprise canadienne rachetée en 2007 par le groupe Areva pour 1,8 milliard d'euros. Le principal actif de la société (des mines africaines) s'est révélé inexploitable. Au total, les pertes dépassent 3 milliards d'euros. La justice a ouvert plusieurs enquêtes pour déterminer les conditions dans lesquelles Areva avait acheté ces mines.

La loge qui fait peur

remarquable. Avec Manuel Valls à Matignon, il a un ami, un frère, dans la place[1].

La loge ne voit pas qui, dans ces conditions, pourrait lui résister. Bien sûr, à l'Élysée, il y a Jean-Pierre Jouyet, le secrétaire général et ami intime de François Hollande, qui appartient au « clan des cathos ». Bien sûr, Henri Proglio se souvient que cet inspecteur des Finances lui avait donné un coup de griffe quand il était président de l'Autorité des marchés financiers, qualifiant son double salaire à EDF et à Veolia de « baroque ». Il ne l'a pas oublié. Il n'oublie rien. C'est sa force. Depuis, Jouyet est sur sa liste, comme le patron d'EDF le dit parfois.

Jean-Pierre Jouyet, qui passe des après-midi entiers avec François Hollande à relire les œuvres complètes de Jean d'Ormesson, n'est pas d'un naturel belliqueux. Il aime les conversations informelles entre oligarques et les dîners en ville très convenables dont il est, en compagnie de son épouse Brigitte Taittinger, un habitué apprécié. Mais sur la reconduction d'Henri Proglio, il fulmine : « Il faudra me passer sur le corps », dit-il à quelques intimes. Cela étant, il n'est pas prêt à partir au combat tout seul. Il lui vient alors une idée. Lui qui connaît les plus infimes secrets du Tout-Paris sait combien Alain Minc est lui aussi exaspéré par les manœuvres des frères. Les deux hommes sont inspecteurs des Finances, tout comme Emmanuel Macron. Jean-Pierre s'arrange donc pour rencontrer Alain, auquel il demande un service. Pas pour lui, non, pour le pays : « Tu peux aller secouer Emmanuel ? » Emmanuel, c'est Macron, le jeune ministre de l'Économie qui assure la tutelle d'EDF et a donc son mot à dire dans cette reconduction. Aussitôt dit, aussitôt fait…

---
1. Manuel Valls a été initié en 1989, à vingt-sept ans.

... Et quand ils gouvernent, c'est encore pire

Pendant ce temps, Henri Proglio, lui, est on ne peut plus confiant. Un article des *Échos* donne d'ailleurs le ton : « Les coups de téléphone pleuvent à l'Élysée depuis plusieurs jours et cette nomination catalyse aujourd'hui toutes les tensions. Une concentration d'attention peut-être un peu exagérée tant le choix de l'Élysée semble d'ores et déjà arrêté : Henri Proglio a apparemment toutes les chances de l'emporter[1]. »

Eh bien non, c'est le coup de théâtre. Quand Proglio apprend, juste avant le Conseil des ministres, qu'il va devoir faire ses cartons, il écume. Que s'est-il passé ? François Hollande s'est laissé convaincre par son jeune ministre de l'Économie, dont la main n'a pas tremblé. Il n'a pas fallu le forcer beaucoup : le Président se souvient que le patron d'EDF avait osé le contredire sur la fermeture de Fessenheim. Il n'a posé qu'une condition : que l'intéressé soit informé de son infortune au dernier moment et ne puisse pas lancer une contre-offensive. Proglio est donc exécuté au petit matin, juste avant le Conseil des ministres.

Manuel Valls, qui a été tenu à l'écart, est furieux. Il croyait l'affaire entendue. Ses copains Bauer et Fouks ne vont pas être contents de lui. Eh bien, il va montrer au Président que ce genre d'affront ne reste pas impuni ! Tandis que François Hollande effectue un long trajet en avion pour rejoindre l'Australie, le Premier ministre en profite pour se venger. Sans rien demander à personne, il décide de débarquer un homme considéré comme appartenant au « clan des cathos », Pierre Blayau, le président du conseil de surveillance d'Areva, nommé un peu plus d'un an auparavant. Lorsqu'il atter-

---

[1]. Martin Gautier, « P-DG d'EDF : une nomination suivie de près par le gouvernement », *Les Échos*, 1ᵉʳ octobre 2014.

La loge qui fait peur

rit, le Président est abasourdi par cette nouvelle qui résonne comme une vendetta. Il appelle immédiatement son Premier ministre : « Je ne t'avais pas donné mon accord, proteste-t-il. – Mais c'est public maintenant », répond sèchement Manuel Valls.

Voilà un aperçu du petit théâtre du pouvoir, où les représailles ont lieu même entre le Président et le Premier ministre. Que d'énergie perdue dans ces batailles ! Que de temps qui n'est pas consacré à gouverner la France !

Le Drian sous pression

La guerre d'influence ne s'arrête jamais. Après cette défaite, Henri Proglio ne se résout pas à aller cultiver son jardin. À soixante-cinq ans révolus, le voici bientôt à l'assaut d'une autre position stratégique : la présidence du groupe industriel de défense Thales, dans lequel Dassault et l'État sont actionnaires à peu près à égalité. Infatigable, le P-DG déchu s'arrange pour devenir le candidat de Dassault, un groupe qui entretient des liens de grande proximité avec son vieil ami Alexandre Djouhri. La ronde des pressions recommence pour faire avancer son dossier. Jean-Yves Le Drian, le ministre de la Défense, qui a son mot à dire, est ainsi travaillé au corps par son directeur de cabinet, Cédric Lewandowski.

Un drôle de garçon que ce Lewandowski. Diplômé de Sciences-Po, il a misé très tôt sur les dossiers militaires pour se faire un nom, et sur le courant rocardien pour se faire des amis. C'est ainsi qu'il a rencontré... Valls, Fouks et Bauer, avec lesquels il a tissé les liens d'amitiés fraternelles. Puis il est devenu attaché parlementaire du rocardien Alain Richard au Sénat, et l'a suivi comme

... Et quand ils gouvernent, c'est encore pire

chef de cabinet quand celui-ci est devenu ministre de la Défense de Lionel Jospin. Il croit sa carrière lancée mais quand Chirac est réélu, en 2002, l'ambitieux Cédric doit trouver une position de repli. C'est ainsi qu'il devient – comme le monde est petit ! – le directeur de cabinet de François Roussely à EDF. Lewandowski n'a pas pour autant abandonné ses rêves : revenir au ministère de la Défense par la grande porte. Pour y parvenir, il mise sur un cheval, Jean-Yves Le Drian, qu'il entraîne déjà pour cette mission lors de la campagne présidentielle de 2007. Pour le préparer – le futur ministre, pas le cheval –, il a constitué un petit groupe d'experts baptisé Sémaphore, parmi lesquels on retrouve bien évidemment François Roussely.

Jean-Yves Le Drian est une prise de choix pour la loge qui fait peur. Il est à la fois familier de la franc-maçonnerie et très proche de François Hollande. Encore faut-il le manier avec précaution : le ministre de la Défense est ombrageux. Mais Cédric Lewandowski le voit tous les jours. Il lui parle de la nomination de Proglio à Thales comme d'une chose acquise. Le ministre ne manifeste d'ailleurs aucune opposition.

Les « cathos » sont aux cent coups. Impossible de faire monter une nouvelle fois Emmanuel Macron au créneau. Ils tentent donc une opération de la dernière chance. Henri Proglio, depuis qu'il est sans travail, émarge auprès de l'agence atomique russe Rosatom comme administrateur de deux de ses filiales. Il faut donc lui demander de bien vouloir abandonner ces mandats et les émoluments qui vont avec... Ce devrait être pour lui un choix cornélien. Comment, en effet, imaginer présider un groupe de défense français en étant lié au complexe militaro-industriel russe, surtout au moment où Vladimir Poutine croque un morceau de

La loge qui fait peur

l'Ukraine et soutient à bout de bras Bachar el-Assad en Syrie ? La première étape est un franc succès : Henri Proglio refuse de démissionner de Rosatom. Il veut le beurre et l'argent du beurre : la présidence du groupe français et les jetons de présence russes.

Pour justifier ce cumul, il demande donc à l'avocat Jean-Pierre Mignard de bien vouloir déterminer s'il y a ou non conflit d'intérêts entre les deux positions et de faire part de ses conclusions, par écrit[1], à Bercy et à l'Élysée.

Le choix de Me Mignard n'est vraiment pas le fruit du hasard. Ce membre du barreau de Paris est un ami intime de François Hollande et de Jean-Pierre Jouyet. Il est aussi président de la haute autorité éthique du Parti socialiste, ce qui lui confère une certaine légitimité pour émettre une opinion sur un sujet où la moralité est un enjeu. Ce qui est plus ennuyeux, c'est que Jean-Pierre Mignard est dans une position plus qu'embarrassante. Car il est aussi l'avocat personnel d'Henri Proglio, après avoir été celui… d'EDF. Il représente ce client pas ordinaire dans diverses procédures en cours à ce moment-là, notamment contre des journalistes et des éditeurs. Et dans son courrier à Bercy et à l'Élysée, que déclare ce témoin de moralité autoproclamé ? Que tout-va-bien. Le cumul des fonctions russe et française, toutes deux dans le secteur de l'armement, ne pose aucun, mais vraiment aucun problème.

Jouyet et Macron sont atterrés : comment Mignard, l'ami du Président, ce catholique affiché, cet avocat des nobles causes, ose-t-il ? Le ministre de l'Économie

---

1. Dans le monde anglo-saxon, ce document s'appelle une *fairness opinion*.

remonte au créneau. Il fait de cette affaire une question de principes et le fait dire dans les médias par son entourage : il faut à tout prix éviter de possibles conflits d'intérêts. Il reste quand même une dernière difficulté : Jean-Yves Le Drian. Un émissaire du « clan des cathos » lui rend visite, dans le dos de Cédric Lewandowski. Il le met en garde solennellement : cette histoire de Rosatom est extravagante ; quand on est un homme d'État comme lui, on ne peut pas risquer de tomber à cause d'un dossier susceptible de lui exploser, un jour ou l'autre, en pleine figure.

Convaincu par les termes choisis sur lesquels son interlocuteur a pris soin d'appuyer avec gravité, le ministre de la Défense se garde bien d'émettre le moindre avis favorable. Il choisit la neutralité afin de ne fâcher personne. L'affaire russe convainc François Hollande, qui baisse le pouce et se fâche : qui a eu cette idée folle de pousser Proglio ? À ce moment-là, il n'y a plus personne. Manuel Valls tourne le regard vers Le Drian qui cherche à faire porter le chapeau à Macron. Mauvais mouvement, car le ministre de l'Économie est le dernier à pouvoir être soupçonné.

Conclusion ? Henri Proglio n'aura pas Thales et conçoit une vive amertume de ce nouvel échec : « Je suis sali depuis des semaines par une campagne alimentée par Bercy. À un moment, je dis : ça suffit ! » gémit-il dans une interview au *Monde* avant de prononcer un long réquisitoire : « Depuis des mois, je n'ai eu aucun contact avec Bercy. Une fois de plus, je désapprouve la méthode. Je reproche à ceux qui sont aux responsabilités de manquer de courage et de respect. […] Comme Bercy me parle par voie de presse, je fais de même. Il faut arrêter de me prendre pour un guignol,

La loge qui fait peur

un espion, un goinfre, un traître[1]... » On ne peut évidemment déceler aucune menace dans ces propos, juste le ton d'un homme en colère.

Pour calmer ses nerfs et tourner la page, Henri Proglio cherche désormais à nouer des contacts avec Ali Bongo, le Président du Gabon, qu'il voudrait conseiller sur sa politique en matière d'eau et d'énergie. Pour l'introduire, il compte sur une nouvelle agence de relations publiques qui gère la communication de Bongo. Cette structure s'appelle Majorelle. Elle a été créée par deux anciens collaborateurs de Stéphane Fouks : Anne Hommel, ex-attachée de presse de Dominique Strauss-Kahn, et Sacha Mandel, chargé de communication de Jean-Yves Le Drian...

L'été 2015 de Sacha Mandel ressemble à une petite fable. Au printemps, il confie à quelques journalistes amis qu'il quitte le cabinet de Jean-Yves Le Drian. Le 1er juin, il fait du démarchage dans les médias pour le compte de son client africain. Le 16 juin, Bongo dîne avec Le Drian au ministère de la Défense. À ce moment, Sacha Mandel est encore officiellement membre du cabinet. Le lendemain matin, il enchaîne une série de rendez-vous – petit déjeuner, déjeuner, café... – entre son client du Gabon et des journalistes. Cela ne doit pas être facile tous les jours d'avoir deux jobs en même temps... Le 19 juin, le *Journal officiel* annonce qu'il est mis fin aux fonctions de Sacha Mandel au 1er juillet 2015. Le 18 août, le sympathique Sacha suscite l'étonnement, pour ne pas dire la stupéfaction, d'un journaliste qui l'appelle pour lui poser des questions sur la renonciation d'Ali Bongo à sa part d'héritage qu'il veut « offrir au peuple gabonais » :

---

1. *Le Monde*, 12 mai 2015.

... Et quand ils gouvernent, c'est encore pire

« Oui, oui, c'est moi qui ai monté ça avec Anne Hommel. C'est une opération transparence. C'est la stratégie qu'on lui conseille. Les élections sont dans un an. Attends, je me gare.

— Ah pardon ! Tu es en vacances ? On peut se rappeler...

— Pas du tout, je suis à l'approche du ministère de la Défense. C'est cool Paris, l'été, on se gare comme on veut, même dans le 7e arrondissement...

— Mais tu travailles toujours pour Le Drian ?

— Oui-non, oui-non. Tu sais, je donne toujours quelques conseils. Je vais à des réunions, des trucs comme ça. Je suis une sorte de visiteur du soir... »

16

Quand un major de l'ENA joue à l'imbécile

En cette fin juin 2015, tout au bout d'un couloir du Palais de justice de Paris, un oligarque comparaît devant le tribunal correctionnel. Impossible de l'ignorer : devant la salle d'audience, une table de formica barre le passage ; un procureur adjoint a été dépêché pour filtrer les spectateurs. À l'intérieur, assis à gauche, sur le banc des accusés, un homme en costume de prix bleu nuit est assis. De l'arrière, on ne discerne que la calvitie naissante au milieu de cheveux blancs coupés presque ras. Derrière lui, sa cour : son directeur de la communication, l'ancien journaliste Yves Messarovitch, ainsi qu'une collaboratrice du cabinet d'influence Image 7 qui prend des notes sur chacune des paroles prononcées dans la salle d'audience. Ce filtrage du public, comme ce parterre de communicants de luxe, indique que l'on n'a pas affaire à un prévenu ordinaire. C'est un énarque que l'on juge aujourd'hui, et pas n'importe lequel : le major de la promotion Jean-Monnet. Le genre de personnage qu'il est inhabituel de voir sur les bancs de bois du tribunal correctionnel. Il comparait pour « prise illégale d'intérêts », un délit qui consiste, en substance, à diriger un organisme dont on a eu d'une manière ou d'une autre la tutelle au sein de l'administration.

... Et quand ils gouvernent, c'est encore pire

François Pérol est président de BPCE, un groupe issu du mariage entre les Caisses d'Épargne et les Banques populaires, et qui représente environ 20 % des parts de marché dans la banque de détail en France. Mais au moment de la crise financière, il était à l'Élysée, comme secrétaire général adjoint chargé des affaires économiques et financières. Restructurer un groupe quand on est haut fonctionnaire pour en devenir ensuite le grand patron peut être illégal, du moins dans certaines conditions. C'est pour cela que François Pérol perd, en ce mois de juin 2015, une partie de ses journées au Palais de justice de Paris.

Son avenir professionnel dépend de la décision du tribunal. S'il est condamné, il devra démissionner et sera marqué d'infamie. Il n'est certes pas le premier à avoir obtenu un poste dans des circonstances discutables. Mais il représente un symbole : celui d'une présidence qui, de droite comme de gauche, passe trop de temps à nommer des amis ou des obligés pour pouvoir bien diriger le pays.

François Pérol n'était pas le seul sur la place de Paris à être capable de piloter un grand groupe bancaire récemment constitué. Alors, pourquoi a-t-il été choisi ? A-t-il franchi la ligne jaune en organisant l'union forcée des deux sœurs ennemies, Banque populaire et Caisse d'épargne ? C'est sur cette question que se joue son sort judiciaire pendant ces quelques jours d'audience, qui voient défiler des énarques à la barre.

Dès la première journée, François Pérol défend chèrement sa « complète éthique ». Quand il ne dépose pas à la barre, il somnole sur son banc ou lit des notes à la vitesse de l'éclair. On sent que cet homme est capable de faire plusieurs choses à la fois : suivre les débats et potasser ses dossiers.

Mais quand il est interrogé, il doit devenir quelqu'un d'autre, museler le personnage brillant et arrogant qu'il

Quand un major de l'ENA joue à l'imbécile

est d'ordinaire pour s'improviser en lampiste qui n'a rien vu, rien entendu. Il teste donc à la barre ce nouveau rôle enrobé d'humilité. Il le reconnaît : Nicolas Sarkozy « attachait de l'importance à mes conseils ». « J'avais avec le président de la République, ajoute-t-il, une relation de confiance. » Mais attention : « Ça ne veut pas dire qu'il suivait tous mes conseils. »

Un collègue à la barre

Pour éclairer le tribunal, plusieurs témoins défilent. Ce jeudi 25 juin, la chaleur écrase déjà la salle d'audience quand, tôt le matin, le gouverneur de la Banque de France, Christian Noyer, se livre à son devoir de citoyen. Énarque lui aussi, il porte le même uniforme : un costume bleu marine. De moins bonne facture toutefois. Demeuré dans la fonction publique, sa rémunération n'a rien de commun avec celle du président d'une grande banque. Il a également une chargée de communication dans l'assistance.

Christian Noyer est calme, précautionneux dans ses réponses. Pas question d'enfoncer son camarade déjà dans les ennuis. Qui a décidé des nouvelles structures du groupe BPCE ? La direction du Trésor et la Banque de France les ont « indiquées » à M. Pérol. Les a-t-il validées formellement ? Non, elles étaient respectées en tant que positions raisonnables. Des noms circulaient pour le poste de président de la nouvelle entité : M. Richard, M. Filippi[1] et puis M. Pérol. En tant que gouverneur de

---

1. Stéphane Richard était alors directeur de cabinet de Christine Lagarde à Bercy. Charles-Henri Filippi a dirigé la filiale française de HSBC, de 2004 à 2007. Ils sont tous les deux inspecteurs des finances comme François Pérol.

... Et quand ils gouvernent, c'est encore pire

la Banque de France, quel souvenir a-t-il des circonstances qui ont présidé au choix final ? Aïe : « Je ne suis pas sûr que ma mémoire soit fidèle »... Christian Noyer louvoie, minimise. La nomination de François Pérol a-t-elle suscité l'enthousiasme ? « Je ne me souviens plus. » Le président insiste : « Qu'avez-vous pensé de cette nomination ? » Long silence. « Je dois dire que j'ai été un tout petit peu surpris que les banques mutualistes fassent appel à quelqu'un d'extérieur et donc je me suis dit : si c'est ça, on va avoir une direction efficace. » Comme c'est joliment dit.

La torpeur s'installe jusqu'au moment où l'avocat de la partie civile, en l'espèce le syndicat CGT de la banque, attaque. Il évoque les douze réunions qui se sont tenues à l'Élysée sur la restructuration du groupe bancaire. Qui les présidait ? François Pérol, assène-t-il. Réponse du témoin : « Vous me l'apprenez et je n'ai pas d'observation particulière. » À cet instant, le principal intéressé somnole sur le banc des accusés.

Le ministre témoigne

Une courte suspension de séance et c'est Claude Guéant, lui aussi énarque mais dans la préfectorale, qui est introduit dans la salle par un gendarme. Ex-secrétaire général de l'Élysée du temps de Nicolas Sarkozy, il était le supérieur hiérarchique de l'accusé, qu'il salue d'un jovial « bonjour, François » juste avant que les débats reprennent. Ancien ministre de l'Intérieur, il connaît bien la machine judiciaire, à la fois pour avoir concouru à la faire fonctionner et pour ne cesser, depuis son éloignement du pouvoir, d'être auditionné par des juges d'instruction dans plusieurs dossiers.

Quand un major de l'ENA joue à l'imbécile

Claude Guéant désire faire une déclaration spontanée avant de répondre aux questions du tribunal. Premier point : « Les conseillers à l'Élysée, assure-t-il, n'ont aucun pouvoir propre et aucune délégation de signature. » Voilà qui ressemble fort à une opération de sauvetage. Second point : « Au final, le président de la République a demandé à François Pérol s'il accepterait » de prendre la direction du nouveau groupe. Et François Pérol, lui, « ne voulait pas du tout ». Pauvre petit énarque poussé malgré lui à un des plus hauts – et des plus lucratifs – postes du secteur privé !

Le témoin est indigné : « Aujourd'hui, on dit que cette nomination est contestable. C'est facile à dire six ans après ! » Sous-entendu, on était alors en pleine tourmente au beau milieu de la crise financière qui menaçait d'emporter Natixis, la filiale commune de la Caisse d'épargne et des Banques populaires.

Claude Guéant rappelle la mauvaise ambiance qui pourrissait les relations entre les dirigeants des deux entités qui devaient se marier pour éviter d'être lessivées par la crise : « Le spectacle de chamailleries qui existait entre eux était décevant. Il fallait donc chercher quelqu'un d'extérieur. Même sur cela, ils n'arrivaient pas à se mettre d'accord. » Mais Claude Guéant a lui aussi la mémoire qui flanche quand le président lui demande dans quelles circonstances a été prise la décision de nommer François Pérol à la tête de BPCE : « Très franchement, je suis incapable de vous le dire. »

Tout se passe bien jusqu'au moment où l'ancien secrétaire général de l'Élysée affirme tranquillement que c'est Nicolas Sarkozy en personne qui a pris la décision de nommer son conseiller à la tête du nouvel ensemble bancaire. Aïe ! L'accusé sort de sa torpeur et se crispe légèrement. Ce n'est pas bon. Car le Président a tranché

... Et quand ils gouvernent, c'est encore pire

sur la foi des notes et des analyses dont il était le destinataire. Et qui les lui fournissait ? Un certain François Pérol.

Puis Claude Guéant en vient au point épineux : la saisine de la commission de déontologie. Celle-ci doit examiner les dossiers des fonctionnaires qui passent du public au privé, pour s'assurer qu'il n'y a pas conflit d'intérêts ; dans le cas de François Pérol, c'est peu dire que l'Élysée a tordu le bras de son président, le conseiller d'État Olivier Fouquet. Claude Guéant, d'ailleurs, s'en défend à peine : « J'ai appelé M. Fouquet le 20 février alors que le choix de M. Pérol venait d'être fait car il y avait ce problème d'urgence[1] […]. Je lui ai demandé comment nous pouvions résoudre le problème que nous avions. Il m'a parlé d'un délai d'un mois... Nous n'avions pas le temps. »

Claude Guéant a donc recours à « une autre formule ». Puisqu'il appelle ce paisible haut fonctionnaire chez lui, un soir, il doit bien être possible de s'entendre directement avec lui, sans en passer par cette satanée commission. Il lui demande donc de répondre « à titre personnel » sur la situation juridique d'un conseiller à l'Élysée, qui n'est pas, formellement, dépositaire de l'autorité publique.

Le président du tribunal veut quelques précisions : « Le 20 février dans la soirée, vous appelez M. Fouquet chez lui, c'est donc assez tard. À quel moment le nom de M. Pérol est-il sorti ? Est-ce le président de la République qui demande à l'un de ses plus proches collaborateurs de prendre ce poste ? »

Puis il rappelle le scénario du feuilleton. Dès le lendemain du coup de fil à Olivier Fouquet, un samedi matin, une réunion à l'Élysée évoque le nom de François Pérol

---

1. Les comptes annuels étaient très mauvais et devaient être présentés dans les prochains jours. « Il fallait donner le signe qu'il y avait une perspective », selon les mots de Claude Guéant lors de son témoignage spontané.

Quand un major de l'ENA joue à l'imbécile

pour diriger l'ensemble. Le lundi soir, Claude Guéant relance Olivier Fouquet par téléphone : il lui faut cette lettre, qui est rédigée dans la soirée et envoyée le mardi matin à l'Élysée. Olivier Fouquet croit en avoir fini ? Pas du tout. Le mardi, alors qu'il est en séance, il reçoit une trentaine de coups de téléphone : les journalistes veulent avoir confirmation que la commission a bien été saisie du dossier Pérol. Que s'est-il passé ? Nicolas Sarkozy, lors d'une conférence de presse en Italie, a déclaré, tout en nuances, que la commission de déontologie « a donné son point de vue, et son point de vue a été communiqué aux banques. Il sera rendu public et vous verrez bien qu'une fois de plus, c'est la différence entre une polémique et un problème ; de problème, il n'y en a pas ».

Olivier Fouquet « n'était pas content » d'avoir été ainsi instrumentalisé, rappelle le président du tribunal. Il a dû affronter une menace de démission en bloc, qui n'a finalement été mise à exécution que par deux des membres de la commission. Mais pour Claude Guéant, « on joue sur les mots, en réalité : ce que dit Nicolas Sarkozy, c'est un "raccourci" ». Un raccourci un peu tordu !

Ce matin du 25 juin, François Pérol a passé un moment désagréable. Mais en ce début d'après-midi, il en a fini pour cette semaine et peut redevenir pour quelques jours patron à 100 % d'une grande banque. Il sera de retour quatre jours plus tard, pour un long interrogatoire.

L'homme qui ne sait rien

À la barre, ce lundi 29 juin, le prévenu parle d'un ton calme, d'une voix mesurée. Évoquant Natixis, il raconte : « Deux directeurs sont venus m'informer d'une situation, difficile à leurs yeux, en présentant des chiffres

... Et quand ils gouvernent, c'est encore pire

impressionnants. » Et alors, que se passe-t-il ? Le haut fonctionnaire assure qu'il se contente de transmettre à Bercy. « Je ne sais rien », ajoute-t-il. Avant de répéter : « Moi je ne sais pas, je n'ai pas la solution. » Le deuxième plan de recapitalisation ? « Il a été élaboré par d'autres. »

Le président s'impatiente un peu : « Monsieur Pérol, je vais vous dire : vous nous avez dit que la présidence de la République n'était pas porteuse de décisions. Dans le même temps, vous nous avez expliqué que la présidence de la République pouvait s'emparer d'un sujet […]. J'ai reposé la question à M. Guéant qui a totalement assumé ce terme de "s'emparer" et a répondu positivement. Apparemment, il y a deux visages de l'Élysée. » L'ancien collaborateur de Sarkozy se défend comme il peut : « Je n'ai jamais dit que la présidence de la République n'était pas porteuse de décisions ! » Et de poursuivre, un peu plus tard, comme une tentative pour se démarquer : « Moi, je ne travaillais pas comme M. Guéant, j'étais le sherpa, je n'avais pas d'expression publique. Moi, j'ai fait mon travail comme j'ai pensé pouvoir le faire. »

Et ce compte rendu d'un entretien avec Jean-Claude Trichet, le président de la Banque centrale européenne, destiné à Nicolas Sarkozy, où François Pérol évoque l'avis de son interlocuteur « sur notre choix » ? N'est-ce pas un indice sérieux du pouvoir de décision dont il disposait ? « C'est le choix de la France, celui qu'a fait le pays. C'est comme ça que je le comprends. »

« La commission de déontologie, vous en avez pensé quoi ? » demande le président du tribunal. « Je ne sais pas », répond le banquier avec embarras... Le lendemain, la procureur Ulrika Weiss, elle, prononce un réquisitoire très sévère : « Ce niveau de responsabilité appelait à une exemplarité sans faille et rien ne vient justifier l'entorse commise. » Elle requiert une peine de

Quand un major de l'ENA joue à l'imbécile

deux ans d'emprisonnement avec sursis, 30 000 euros d'amende et surtout une interdiction définitive d'exercer toute action publique. Sur son banc en bois, François Pérol ne dort plus.

Relaxe !

Il pourrait pourtant. Trois mois plus tard, le jeudi 24 septembre 2015, le tribunal rend son jugement en soixante-trois pages. Le major de l'ENA est relaxé. Certes, les conditions de sa nomination « ne pouvaient que nourrir la suspicion de manipulation », mais « les preuves présentées au tribunal sont insuffisantes ». Évidemment, le tribunal n'est pas dupe du rôle de composition joué par le banquier : « Doit être rejeté l'argument selon lequel M. François Pérol ne disposerait pas d'un pouvoir décisionnel. » De même, le « fonctionnement de l'État » a laissé à désirer, en raison de cette « singulière porosité entre secteur privé et secteur public » qui donne « l'apparence d'une connivence pour des affaires privées, particulièrement regrettable au regard du respect dû aux institutions de la République ». D'ailleurs, « cette confusion entretenue dans l'exercice successif de fonctions publiques et privées ne cesse d'interroger ». Le constat ? « M. Nicolas Sarkozy s'est immiscé dans le fonctionnement interne d'une banque. » La messe est dite ? Pas tout à fait car il n'appartient pas au tribunal d'« apporter une appréciation sur cette intervention du chef de l'État, au regard du principe de la séparation des pouvoirs ».

Résultat de ces longues délibérations ? François Pérol est déclaré innocent. Comprenne qui pourra. Le système de gouvernement à la française reste décidément un grand mystère.

17

La passion de l'intérêt général

C'est une réflexion fréquente, dans les palais nationaux. Les ministres, leurs conseillers n'en reviennent pas d'être si dévoués au bien commun. Quand ils participent à des dîners en ville, ils se comparent. Et redécouvrent à chaque fois qu'ils se « crèvent la paillasse » – pour reprendre l'élégante expression d'un énarque –, qu'ils se crèvent, donc, pour une rémunération de misère. Leurs camarades de promotion partis dans le privé, ses voisins de table absorbés par le Cac 40, gagnent dix fois, vingt fois mieux leur vie. Et en plus, eux, les politiques, les fonctionnaires qui n'ont pas déserté, ne disposent d'aucun parachute doré alors qu'ils sont sur un siège éjectable, à la merci du moindre remaniement ministériel, d'un caprice du Président, d'une foucade de l'actualité qui les mettrait en difficulté.

Ce qui est extraordinaire, c'est qu'ils le croient vraiment. C'est pour cette raison qu'ils n'ont plus de limites dans leurs prétentions. Une partie d'entre eux a songé à l'exil quand Lionel Jospin a supprimé les primes de cabinet distribuées en liquide. L'avantage de ces enveloppes, c'était leur intraçabilité. Personne, pas même les agents du fisc, ne pouvait savoir dans quelles poches avaient atterri les billets neufs, tout droit sortis du coffre

La passion de l'intérêt général

situé dans le bureau du chef de cabinet du Premier ministre.

Si un ministre de gauche gardait l'intégralité de la somme pour lui, les autres ont toujours reversé une partie de la manne à leurs collaborateurs, selon des clés de répartition obéissant à une logique indéchiffrable.

Le mystère s'est en partie dissipé quand Lionel Jospin, en réponse aux allusions de Jacques Chirac lors du traditionnel entretien télévisé du 14 juillet 2001, a donné des précisions sur cet argent liquide, dont 3,7 millions d'euros allaient directement à l'Élysée, 3,7 autres partaient dans des enveloppes réservées aux conseillers du Premier ministre, tandis que les autres cabinets devaient se partager 7 millions d'euros.

Compléments de rémunération

Beaucoup se sont montrés inconsolables de cette perte, d'autant plus douloureuse que cet argent liquide échappait à tout prélèvement social ou impôt. Certains ont même cédé à une nostalgie excessive. Ainsi de Claude Guéant quand il dirigeait le cabinet du ministre de l'Intérieur Nicolas Sarkozy. Poursuivi pour « complicité et recel de détournement de fonds publics », l'ancien secrétaire général de l'Élysée, devenu par la suite lui-même ministre de l'Intérieur[1], l'a admis lors de son procès, qui s'est déroulé en octobre 2015 à Paris : il se faisait

---

1. Claude Guéant a été condamné le 13 novembre 2015 à 24 mois de prison avec sursis et 75 000 euros d'amende par le tribunal correctionnel de Paris, qui a par ailleurs prononcé une peine de 5 ans d'interdiction d'exercice de toute fonction publique. Il a fait appel de ce jugement et est, bien sûr, présumé innocent.

remettre chaque mois par Michel Gaudin, le directeur général de la police nationale, 10 000 à 12 000 euros issus de l'enveloppe des frais d'enquête et de surveillance, destinée à payer divers faux frais, dont les indics. Entre 2002 et 2004, ce sont plus de 200 000 euros qui ont été détournés de leur objet par le préfet Guéant.

Que devenaient ces espèces ? Claude Guéant en gardait la moitié environ et récompensait avec l'autre certains de ses collaborateurs, en vertu, toujours, d'une clé de répartition mystérieuse. Pourquoi avoir monté ce système de prélèvement au risque de se mettre en dehors de la légalité ? Parce que la nouvelle indemnité versée ne compensait pas la disparition des enveloppes, mais seulement un tiers de leur montant.

On peine à imaginer des situations équivalentes dans le secteur privé. Un cadre dirigeant auquel on supprime ses stock-options irait-il se servir dans la caisse pour ne pas perdre de pouvoir d'achat ? Le piment supplémentaire provient du statut du principal accusé : directeur de cabinet du ministre de l'Intérieur, puis ministre de l'Intérieur, autrement dit deuxième puis premier flic de France, chargé de faire régner l'ordre et respecter la loi !

À l'Élysée où il a aussi accompagné Nicolas Sarkozy, Claude Guéant avait un collègue de bureau qui avait trouvé une façon encore plus créative d'arrondir ses fins de mois. Pierre Charon, que tout le monde appelait le « conseiller rires et chansons » du Président, est devenu sénateur de Paris en octobre 2011.

En 2009 et 2010, son travail de conseiller à l'Élysée lui rapporte 200 000 euros en tout. Mais il a aussi créé une SARL, baptisée non sans esprit Janus consultants, qui se consacre au « conseil en image et en communication de personnes physiques et morales ». Cette société verse à son fondateur près de 250 000 euros de rémunération en

La passion de l'intérêt général

deux ans, auxquels il convient d'ajouter plus de 150 000 euros de dividendes. Un complément financier bien supérieur à ce que rapportaient, les meilleures années, les enveloppes d'argent liquide. Comme l'annonce le nom de sa société, Pierre Charon a donc deux visages : il est conseiller du Président le jour et consultant privé la nuit. Quand il devient sénateur, il continue. Sa société le gratifie de quelque 750 000 euros entre 2011 et 2013, si l'on cumule la rémunération et les dividendes. On imagine bien évidemment que Pierre Charon a érigé une muraille de Chine entre ses activités de conseil et sa mission d'intérêt général, à l'Élysée puis au Sénat !

Pas de grande pauvreté dans les cabinets

Même si les membres de cabinets ministériels ne reçoivent plus d'enveloppes, ils ne sont pas tombés dans le grand dénuement qu'ils décrivent parfois entre eux pour se lamenter sur l'ingratitude de l'État.

Tandis que le point d'indice de la fonction publique est gelé depuis cinq ans pour cause d'économies, que le salaire mensuel de base des salariés du secteur privé a augmenté de 1,4 % en 2014, les conseillers ministériels du gouvernement Valls ont vu leur rémunération bondir de plus de 7 % par rapport au gouvernement Ayrault. Au total, chacun de ces conseillers perçoit en moyenne[1] 10 500 euros par mois. Cette somme est supérieure, dans dix-neuf ministères sur trente et un, à ce que gagne le ministre[2], selon les calculs du député socialiste René Dosière.

---

1. Rémunération brute (8 201 euros), plus indemnité (2 235 euros).
2. 9 940 euros par mois.

... *Et quand ils gouvernent, c'est encore pire*

C'est au ministère de la Culture qu'un membre de cabinet gagne le mieux sa vie, avec 13 744 euros par mois, puis à l'Intérieur et à la Défense (12 987 euros par mois). Il est d'usage de justifier ces rémunérations par les responsabilités, la charge de travail importante ou encore la précarité associée au poste : il suffit qu'un ministre dérape à la radio ou déplaise au Président pour se retrouver au chômage. Ces raisonnements ne résistent pas à l'analyse. Tout d'abord, les responsabilités : une infirmière employée dans une unité de soins intensifs a la vie de ses patients entre les mains – une sacrée responsabilité. Elle gagne moins de 3 000 euros par mois, moins du quart de ce à quoi prétend un membre de cabinet au ministère de la Culture.

Ensuite, le nombre d'heures de travail comme la disponibilité ne constituent pas une exception dans le monde moderne. Ainsi le baromètre Cegos, qui mesure le climat social dans les entreprises, considérait-il en octobre 2015 qu'un salarié sur quatre avait connu un épisode de burn-out au cours de sa carrière.

L'argument de la précarité, enfin, frise l'indécence dans un pays qui compte plus de cinq millions de chômeurs. D'autant que les conseillers ministériels, dans leur grande majorité, sont par ailleurs fonctionnaires en détachement. Ils retrouvent leur poste dans l'administration à la minute même où leur mission se termine.

Enrichissement personnel

Les cabinets, Jérôme Gallot les connaît bien. Mais ce n'est pas en secondant Gérard Longuet à l'Industrie ou Yves Galland au Commerce extérieur qu'il s'est enrichi. Non, c'est dans une entreprise publique, la plus

La passion de l'intérêt général

puissante de toute la sphère étatique, que cet énarque, magistrat à la Cour des comptes, a pu avec quelques autres gagner beaucoup d'argent.

Recasé à la Caisse des dépôts et consignations (CDC) au milieu des années 2000, il devient président d'une filiale, CDC Entreprises, dans laquelle il met en place, fin 2007, un plan d'attribution gratuite d'actions (Paga). Les salariés, mais surtout les dirigeants, se voient offrir pas moins de 28 952 actions gratuites. Des actions d'une société à capitaux entièrement publics, non cotée et censée remplir une mission d'intérêt général. Là encore, la clé de répartition est très inégalitaire puisque la valeur des titres distribués par personne s'échelonne entre 9 000 euros et 567 000 euros pour l'excellent Jérôme Gallot.

Grâce à ce mécanisme, ses bénéficiaires s'enrichissent de plus de 15 millions d'euros. La Cour des comptes, qui s'empare de la question dans un rapport au vitriol[1], relève que les sommes versées en 2010 à Jérôme Gallot et à son adjoint ont atteint un total de 1,387 million d'euros, qui s'ajoutent bien entendu à une rémunération importante, elle-même assortie d'une part variable, censée elle aussi récompenser les bonnes performances.

Que Jérome Gallot soit magistrat à la Cour des comptes rajoute bien entendu du sel à cette histoire. Indigné par tant de voracité au sein d'une institution vouée à traquer ceux qui abusent de l'argent public, Didier Migaud, le premier président de la Cour, veut, dans un premier temps, faire un exemple. Il demande à son procureur général, Gilles Johanet, d'entamer des poursuites contre ce cher collègue à l'appétit insatiable. Problème : ce qu'a fait Jérôme Gallot est moralement

---

1. Rapport public annuel 2015, février 2015.

contestable mais n'est pas illégal. Les deux hommes réfléchissent : puisqu'il appartient à la Cour des comptes, il serait possible de le traîner devant un comité disciplinaire...

Finalement, toutes ces belles paroles s'envolent. Quand Didier Migaud reçoit Jérôme Gallot pour évoquer ce dossier difficile, celui-ci lui répond sans rougir : « Je ne suis pas un homme d'argent. » Ah bon ! Alors, à quoi cela peut-il ressembler, un homme d'argent ? Finalement, cette personne désintéressée ne sera pas inquiétée. Il reste magistrat à la Cour des comptes et ne doit pas rembourser. Lui aussi doit penser qu'il a bien servi l'intérêt général.

D'ailleurs, dans sa réponse écrite au rapport de la Cour des comptes, rédigé donc par ses propres collègues, Gallot se permet de donner des leçons : « La présentation de la Cour souffre de certains biais consistant à additionner des éléments financiers de natures différentes : des rémunérations salariales, fixes et variables, avec des revenus du capital résultant des dividendes de plusieurs années, ou même la prise en compte du produit de la vente des actions (totalement exceptionnel) sur une seule année. »

Pire, il se dit victime d'une injustice : ses collègues de la Cour, inadaptés au monde moderne de la finance, ne sont pas impartiaux. « Pour être plus objective, assure-t-il, la Cour aurait pu rappeler que le produit de la cession des titres a été soumis à la fiscalité. » Oh ! c'est moche tout de même de devoir payer des impôts. Surtout quand on a si bien fait son devoir au service des autres. « La démonstration de la Cour, poursuit-il, décidément déchaîné, aurait gagné en transparence si elle avait a minima donné un ordre de grandeur quant au taux d'imposition appliqué sur les plus-values de ces-

La passion de l'intérêt général

sions (environ 50 %). En l'état, le lecteur attentif du rapport de la Cour ne peut se départir du sentiment que cette dernière cherche avant tout à lui faire passer l'idée d'un gonflement artificiel des rémunérations, faisant ainsi fi de la complexité des matières abordées et du caractère nuancé des réalités. » Non, vraiment, Jérôme Gallot, lui, ne voit pas où est le problème : « Je suis fier, conclut-il, de ce que les hommes et les femmes de CDC Entreprises ont réalisé pour l'économie de notre pays. »

Qu'en termes choisis ces choses-là sont dites !

18

Comment la gauche aime les pauvres

En cette fin d'été 2014, le site du ministère de l'Éducation nationale publie un communiqué de victoire : « L'amélioration de la situation sociale des étudiants est une priorité pour le gouvernement » qui « agit avec détermination pour limiter le coût de la vie et préserver le pouvoir d'achat des étudiants, notamment les plus modestes ». Suit une liste des nouvelles mesures prises dans le cadre « de la réforme ambitieuse des bourses étudiantes ». Il y en a soixante-dix-sept mille cinq cents de plus en faveur des classes moyennes qui ne bénéficiaient de rien jusqu'alors. Mille allocations annuelles supplémentaires sont également distribuées en faveur des jeunes en situation d'« autonomie avérée ». Et toutes les bourses seront revalorisées au-dessus de l'inflation. C'est cela, conclut le texte, « la démocratisation de l'accès aux études supérieures ».

C'est là un exemple parmi cent du discours sur les inégalités tenu par les ministres successifs de l'Éducation nationale depuis l'élection de François Hollande. Tous assurent voler au secours des étudiants modestes jusqu'alors laissés à leur triste sort. Voilà pour la rhétorique.

Comment la gauche aime les pauvres

Il est toutefois un élément que ces propos victorieux passent sous silence : le sort réservé aux étudiants boursiers les plus prometteurs, ceux qui ont obtenu leur baccalauréat avec mention « très bien ». Depuis 2008, ils bénéficiaient d'une bourse au mérite de 1 800 euros par an, soit 200 euros par mois pendant l'année universitaire.

Cela semble dérisoire à ceux qui n'ont pas besoin de travailler pour payer leurs études, mais c'est une mesure d'équité essentielle. 200 euros par mois, cela correspond à vingt heures payées au Smic. Soit cinq heures par semaine qui peuvent être consacrées à étudier. C'est déterminant.

Cette gratification de l'excellence n'est ni de gauche ni de droite, puisqu'elle a été décidée quand Lionel Jospin était chef du gouvernement, et élargie par Valérie Pécresse quand celle-ci était ministre de l'Enseignement supérieur et de la Recherche.

Le mépris de l'excellence

Elle coûte chaque année quelque 15 millions d'euros à la collectivité, c'est-à-dire trois fois moins que le saupoudrage des soixante-dix-sept mille cinq cents nouvelles bourses à 1 000 euros que vante le communiqué triomphal de Benoît Hamon et Geneviève Fioraso pour célébrer la rentrée universitaire 2014. Ou encore cinquante fois moins que les revirements des gouvernements successifs sur l'écotaxe.

Pourtant, Vincent Peillon, quand il était ministre de l'Éducation nationale, a voulu les supprimer dès juillet 2013, avant de reculer sous les protestations. Mais un an plus tard, son éphémère successeur Benoît Hamon,

... Et quand ils gouvernent, c'est encore pire

lui, n'hésite pas. Le 2 juillet 2014, une circulaire[1] raye d'un trait de plume ces bourses au mérite pour les bacheliers de l'année.

Le baccalauréat est passé, les inscriptions en universités confirmées, et tous les élèves boursiers qui ont obtenu mention « très bien » au bac comptaient sur ces 1 800 euros pour boucler le budget de leur première année universitaire. Ils se sentent tout simplement trahis.

Deux étudiantes de Flers, dans l'Orne, alertent leur sénatrice, la centriste Nathalie Goulet, sur cette injustice : elles vivent dans un département rural, où il est vital d'avoir une voiture ou un logement en ville pour poursuivre ses études supérieures. L'élue prend fait et cause pour ces jeunes femmes, soutient l'association d'étudiants qui s'organise, « Touche pas à ma bourse, je la mérite », et met à sa disposition son avocat, Mᵉ Henri de Beauregard. Celui-ci dépose une requête en référé auprès du Conseil d'État. Cette procédure d'urgence, assure-t-il, s'applique tout à fait au cas de ces jeunes gens privés de 1 800 euros que l'État s'était engagé à leur verser avant de se dédire.

Le Conseil d'État leur donne raison le 17 octobre 2014. Il considère qu'il y a un doute sérieux sur la légalité de cette circulaire et, en attendant de se prononcer sur le fond, ordonne à la nouvelle ministre, Najat Vallaud-Belkacem, de verser au plus vite ces bourses au mérite. L'année universitaire, en effet, a déjà démarré.

Deux mois plus tard, à l'approche des fêtes de Noël, il ne s'est toujours rien passé. L'État s'est tout bonnement assis sur la décision de la plus haute instance de la justice administrative. Tandis qu'elle se félicite, en toute

---

[1]. Circulaire 2014-0010.

occasion, de prendre « à bras-le-corps » le problème des inégalités scolaires, la ministre de l'Éducation nationale n'en démord pas : il faut donner plus de bourses à plus d'étudiants, mais sans tenir compte, surtout pas !, de leur mérite personnel. Me Henri de Beauregard lui envoie donc un courrier où il lui rappelle qu'elle se place ainsi en dehors de la légalité et la prévient qu'un « référé-provision » va être déposé devant le Conseil d'État, en janvier 2015, en cas de non-paiement. Le « référé-provision », c'est la méthode employée contre les mauvais payeurs récalcitrants, avec astreinte à la clé...

Ce courrier débloque les versements mais le ministère néglige de rendre ses conclusions au Conseil d'État, conclusions pourtant indispensables pour que l'institution puisse juger le litige sur le fond, ce qui n'est toujours pas fait. Au point que Najat Vallaud-Belkacem reçoit deux mises en demeure du Conseil d'État. Elle demande un délai de grâce : aucun des fonctionnaires de la rue de Grenelle n'a eu le temps de s'intéresser au dossier.

Les hauts magistrats sont outrés et le font savoir. Finalement, la peur du juge est la plus forte rue de Grenelle. Le 23 février 2015, la ministre condescend à leur écrire... pour leur dire qu'il n'y a plus matière à jugement. En effet, trois jours auparavant, elle a publié au Bulletin officiel de l'Éducation nationale une nouvelle circulaire[1] qui restaure les bourses au mérite pour l'année universitaire en cours, et qui « organise le versement des aides au mérite pour 2015-2016 », comme elle l'écrit dans le courrier qu'elle adresse au vice-président du Conseil d'État. « Le montant de l'aide, précise-t-elle, sera fixé dans un arrêté. »

---
1. Circulaire 2015-006.

... Et quand ils gouvernent, c'est encore pire

Ségolène Royal avait inventé en Chine la « bravitude ». Le ministre de la Jeunesse a imaginé la « bougitude ». Najat Vallaud-Belkacem s'accroche, elle, à la « pauvritude ». Un état de vulnérabilité sociale dont il convient de ne pas sortir par le haut. Sinon, comment expliquer qu'elle veuille ainsi s'acharner contre les boursiers les plus brillants de leur génération ?

Car c'est ce qu'elle fait. Après son courrier respectueux au Conseil d'État, elle attend son heure. Le 28 mai 2015, elle publie un arrêté qui divise par deux les bourses au mérite pour les bacheliers de l'année et les suivants. Et voilà, ce n'est plus 200 euros par mois mais 100 seulement sur lesquels pourront compter ceux qui passent de longues heures à étudier.

« Modeste », le mot fétiche

Pour le gouvernement, en dépit de tous les efforts déployés pour démontrer le contraire, le pauvre doit savoir rester à sa place. Il doit réussir ses études tout en travaillant dans une grande surface ou une enseigne de restauration rapide. Il doit aussi demeurer locataire. Il n'y a que les capitalistes, les nantis, les réactionnaires pour vouloir devenir propriétaires. Non mais, pour qui se prennent-ils, ces gens qui rêvent d'un appartement ou d'un pavillon bien à eux, moins vaste, bien entendu, que la « maison en Seine-Saint-Denis » de Claude Bartolone, mais bien à eux quand même ? Eh bien, pour leur apprendre à vivre, le gouvernement décide dans le projet de loi de finances 2015, discuté en octobre 2014, de supprimer les aides personnalisées au logement destinées à donner un coup de pouce à ceux qui acquièrent leur premier logement. Désormais, ces subsides seront réservés aux seules personnes qui ont perdu au moins 30 % de leurs revenus depuis la signature de leur achat. Le secrétaire d'État au Budget, Christian Eckert, est obligé de reculer devant l'alliance objective d'une partie de son propre camp et de l'opposition à l'Assemblée nationale. Mais il ne renonce pas. Il accepte simplement un report d'un an.

Que ne ferait-on pas, en apparence, pour les Français modestes ? Christiane Taubira est prête à aller se servir dans les caisses des ordres des avocats pour financer l'aide juridictionnelle, qui permet aux plus démunis d'être défendus. C'est un peu comme si on demandait aux professeurs de participer à la coopérative scolaire ou aux médecins de financer la Couverture maladie universelle. Mais il n'y a pas d'argent dans les caisses de l'État et la garde des Sceaux a fait une annonce d'importance : le plafond de ressources pour bénéficier de cette aide juridictionnelle passera de 941 à 1 000 euros, intégrant, un peu comme les nouvelles bourses universitaires, une nouvelle catégorie de population un peu moins défavorisée. Alors, pour mieux les détrousser, elle tente de dresser les avocats les uns contre les autres, opposant « le barreau de base au barreau d'affaires ».

Sur le terrain, les avocats commis d'office au titre de cette aide apprécieront. Dans le même temps, l'unité de base de leur rémunération doit passer de 22,84 à 24,20 euros. Selon plusieurs d'entre eux, cela revient en fait à gagner moins de 200 euros pour une journée de travail dont l'audience se termine à minuit. Soit, une fois les frais généraux retranchés, à peine plus de 100 euros, un peu plus que le Smic.

Les pauvres avec enfants ont aussi droit à l'allocation de rentrée scolaire, qui ne date pas de l'accession de François Hollande au pouvoir mais de 1974. En septembre, chaque année, les professeurs déplorent cependant que certains élèves se présentent en classe sans matériel. Où est passé l'argent ? Au député centriste Laurent Degallaix qui pose très calmement, le 20 octobre 2015, une question au gouvernement sur ce problème croissant et propose de verser des bons exclusivement destinés aux achats de matériel scolaire, la secrétaire d'État chargée de la Famille, Laurence Rossignol, répond, hors d'elle, qu'elle ne l'a pas attendu pour y réfléchir et que c'est impossible d'opérer ainsi. Parmi les bénéficiaires, assure-t-elle, « 45 % sont des familles monoparentales, donc en grande difficulté ». On n'est pas sûr de voir le rapport. Mais laissons Laurence Rossignol poursuivre son raisonnement : « Dans 95 % des cas, l'argent est bien utilisé pour les enfants. Il est utilisé aux [*sic*] fournitures scolaires, aux abonnements aux transports scolaires, aux inscriptions aux cantines, aux dépenses de vêtements et elles sont étalées sur toute l'année pour les familles […]. En dernière analyse, à quoi sert votre question ? Probablement pas à l'équilibre des comptes de la famille, mais toujours à jeter la suspicion sur les familles les plus modestes. » Ouh ! le vilain centriste !

Être de gauche ? C'est écouter France Inter, les patrons du Cac 40 et les chauffeurs de taxi

La gauche au pouvoir parle beaucoup des pauvres, mais n'en a pas rencontré depuis longtemps. Elle s'en fait pourtant une certaine idée, calquée sur son propre mode de vie, bien à l'abri dans la capitale, et parfois dans les appartements de fonction des ministères. C'est ainsi qu'Anne Hidalgo, la maire de Paris, a fortement milité pour l'interdiction des feux de cheminée, au nom de l'air pur. Et puis, en filigrane, elle laissait entendre que s'y opposer, c'était avoir une attitude d'égoïste, pire, de nanti qui peut se payer un appartement avec cheminée, un vrai signe intérieur de richesse. Elle ne sait pas que, depuis la hausse des prix du gaz, du fioul et de l'électricité, un nombre accru de Franciliens se chauffent, partiellement ou totalement, au bois, pas par plaisir mais pour faire des économies...

La ministre de la Culture Fleur Pellerin n'hésite pas, quant à elle, à classer les Français en fonction de la station de radio qu'ils écoutent. Confrontée, en ce début d'année 2015, à une grève interminable des personnels de Radio-France, elle tente de câliner les mécontents sur les ondes de France Inter. Elle évoque la « vision » et la « singularité » du service public : « Quand on écoute France Inter, on n'écoute pas RTL, malgré tout le respect que j'ai pour RTL ou pour Europe 1. Il y a une mission spécifique de décryptage de l'information, d'accès à la culture... » Et RTL de rétorquer à la ministre que cette station décrypte aussi, chaque jour, l'information aussi bien que le service public sans pour autant coûter un euro à l'État.

Mais la meilleure, c'est encore et toujours Najat Vallaud-Belkacem. Bien que dévouée à 100 % à la lutte contre les inégalités, elle a le temps d'accorder une longue interview au magazine masculin *GQ* où elle évoque son parcours personnel mais aussi son engagement politique. Et là, c'est un festival.

Question : « À quoi reconnaissez-vous quelqu'un qui vote à gauche ?

Réponse : Il y a toujours des exceptions qui confirment la règle, mais je dirais en fait qu'il parle exactement de

... Et quand ils gouvernent, c'est encore pire

la même façon à un chef d'entreprise du Cac 40 et à un chauffeur de taxi. Avec le même respect, en étant tout aussi intéressé par ce que l'autre a à lui dire. »

Que les électeurs de gauche qui ne côtoient pas de patrons du Cac 40 ne se sentent surtout pas exclus ou méprisés pour si peu !

Mais le meilleur est pour la fin :

Question : « Et quelqu'un qui vote à droite ?

Réponse : De manière générale, je dirais une forme d'indifférence ou d'acceptation voire de légitimation des inégalités. Dès qu'on essaie de changer quelque chose pour faire réussir davantage d'élèves, tous ces gens qui vous accusent de "chercher à niveler par le bas", ça m'horripile. Et force est de constater que ce type de commentaire vient souvent de la droite. »

Pauvre Najat, horripilée en permanence par toutes ces fripouilles de droite qui, faute de savoir parler de la même façon à un patron du Cac 40 et à un chauffeur de taxi, s'inquiètent de voir disparaître le latin, les classes d'allemand et les savoirs disciplinaires !

19

Comment la droite aime la République

Chaque camp politique possède son doudou, son motvalise dans lequel il se blottit à la première difficulté. La gauche comme la droite ne se sépareraient pour rien au monde de ces talismans sémantiques. La première a le monopole de la lutte contre les inégalités. La seconde a redécouvert sur le tard la République.

On partait, il est vrai, de très loin. Pendant la campagne présidentielle de 2007, le candidat de la droite avait fait du marketing politique ciblé. Il avait un message pour chaque communauté, pour chaque profil, pour chaque catégorie. C'est ainsi qu'il pilotait le ministère de l'Intérieur et qu'il voulait piloter la France. C'était sa vision du pays.

Quand il arrive Place Beauvau en 2002, il défend par exemple ouvertement la « discrimination positive ». En novembre 2003, il participe au Grand Débat du *Monde* avec pour contradicteur un certain François Hollande, alors premier secrétaire du Parti socialiste. Il prend de court ce dernier en déclarant : « Il est des territoires et des populations qui ont plus de handicaps que les autres. On doit leur donner davantage que les autres. Et si on ne fait pas ça, on ne réussira pas l'intégration à la française. » À la même époque, Nicolas Sarkozy

... Et quand ils gouvernent, c'est encore pire

annonce la nomination d'un « préfet musulman » (c'est lui qui dit les choses de cette manière) et crée le Conseil français du culte musulman (CFCM).

En 2006, alors qu'il est redevenu ministre de l'Intérieur après un passage à Bercy, il est déjà en campagne présidentielle. Il se dépense sans compter, rencontre tout le monde. Il peut convier à déjeuner, Place Beauvau, des beurs qui réussissent, puis se rendre dans le Val-de-Marne pour dîner en compagnie de la communauté asiatique à l'occasion du nouvel an chinois. Sans oublier, bien entendu, le dîner du CRIF (Conseil représentatif des institutions juives de France). Quelques jours plus tard, il s'envole pour les Antilles, afin de tenter de récupérer une partie du vote noir, qui lui est très défavorable. De même qu'il favorise la création du Cercle de réflexion des Franco-Africains (CERFA). Dans son entourage, son conseiller Abderrahmane Dahmane lui ouvre les portes des communautés, et met par exemple sur pied l'Union asiatique de France pour soutenir son champion.

Jaurès, Ferry et Blum...

Toujours prisonnier de cette logique à la fois communautariste et clientéliste, le ministre-candidat demande à Alain Bauer – dont les fréquentations éclectiques sont bien connues –, un jour du printemps 2006, de lui dresser une liste de grands maîtres d'obédiences maçonniques qu'il pourrait inviter Place Beauvau : les francs-maçons, c'est aussi une espèce à cajoler pour l'élection présidentielle...

Ancien grand maître du Grand Orient de France, Alain Bauer est aussi criminologue. Consulté à ce titre par le ministre, cet ancien jeune rocardien devenu adepte de la « tolérance zéro » a trouvé les mots pour séduire son interlocuteur. Les deux hommes se voient régulièrement et entretiennent des relations cordiales. Alain Bauer s'exécute donc de bonne grâce et se rend même au déjeuner pour faire les présentations.

En rendant ce petit service qui ne coûte pas cher, le franc-maçon s'est encore rapproché du présidentiable. Durant l'été 2006, après avoir échangé sur le thème de la sécurité, Alain Bauer se lance dans une tirade osée qu'il prépare depuis longtemps : « Tu souffres d'un grave problème structurel, lui dit-il. Tu penses que la République est comme une grande commode dans laquelle il y aurait plein de tiroirs que l'on ouvrirait les uns après les autres. Tu as une image de libéral qui donne l'impression de ne pas être républicain. Personne d'autre parmi les candidats à la présidentielle, pas même ceux d'extrême gauche, n'est susceptible d'être comme toi l'objet d'un procès en antirépublicanisme. Si tu continues, tu vas faire une campagne à cloche-pied. »

Nicolas Sarkozy s'agite un peu puis observe un long silence : « Tu as raison », dit-il. Nouveau silence, interminable. « Puisque t'es si intelligent, t'as qu'à me faire des propositions… » C'est ainsi qu'Alain Bauer se met au travail. Il écrit plusieurs pages de dévotion à la République, invoque la patrie, la fraternité, Valmy, Jaurès, Ferry et Blum. Et il envoie le tout à son nouvel ami, qui doit prononcer, le 3 septembre 2006, à Marseille, un discours à l'université des « jeunes populaires », le club Mickey de l'UMP. Le jour venu, l'ancien grand maître a allumé son poste de radio. Il n'en perd pas une miette. Il est un peu déçu au début, puis il sourit de contentement.

... Et quand ils gouvernent, c'est encore pire

L'orateur commence par citer Michel-Ange : « Seigneur, accordez-moi la grâce de toujours désirer plus que je ne peux accomplir. » Puis il en vient à Jaurès, Ferry et Blum. Et se lance dans l'exaltation de la République, mot qu'il prononce quinze fois en moins de cinq minutes. Son auditoire se lève, applaudit, extatique.

Après de tels débuts, le futur candidat est devenu plus républicain que les rédacteurs de la loi de 1905 sur la séparation des Églises et de l'État. On ne l'arrête plus. Quand il se rend à Périgueux, le 12 octobre 2006, il prononce un discours dont l'intitulé est sans ambiguïté : « Notre République. » Dans cette contrée peuplée de francs-maçons, il ne prend pas grand risque... Il y a même un hommage prévu pour une icône régionale, Eugène Le Roy, franc-maçon et auteur d'un livre passé à la postérité, *Jacquou le Croquant*. C'est encore Bauer qui a tenu la plume.

Pour Nicolas Sarkozy, ces deux épisodes marquent le début d'une conversion, au moins en termes d'image. Le partisan du différentialisme s'efface au profit du républicain : puisque c'est un thème qui marche, pourquoi s'en priver ?

Comme, bien entendu, on ne se refait pas, son quinquennat n'est pas irréprochable en matière de laïcité. Les zigzags idéologiques sont fréquents et innombrables. Au palais du Latran, à Rome, il déclare ainsi, le 20 décembre 2007, que « l'instituteur ne pourra jamais remplacer le curé ou le pasteur dans la transmission des valeurs et dans l'apprentissage entre le bien et le mal ». Puis il nomme commissaire à la diversité... une personne issue de la diversité, Yazid Sabeg.

Comment la droite aime la République

Le monopole de la République

Et puis, le Président Sarkozy choisit comme principal conseiller un certain Patrick Buisson, ex-patron de l'hebdomadaire d'extrême droite *Minute*, ancien conseiller de Philippe de Villiers. Comme le racontent Ariane Chemin et Vanessa Schneider dans *Le Mauvais Génie*[1], la famille Buisson « a poussé dans la vieille glaise de la mauvaise droite, celle qui a ferraillé contre la "République des salauds" ». Pendant la campagne de 2007, Buisson s'en allait répétant : « Il nous faut du sabre et du goupillon. » Le paravent républicain et l'onction catholique. Il a évidemment adoré le discours du Latran. Devant Philippe de Villiers, l'éminence grise se sentait suffisamment à l'aise pour éructer contre « cette République de merde ». Fait-il de même devant son nouveau patron, Nicolas Sarkozy, qu'il enregistre à son insu à l'occasion ?

Ce sont ces enregistrements clandestins réalisés par Buisson qui gâtent définitivement les relations entre les deux hommes, pas les diatribes éventuelles contre la « République de merde ». Débarrassé de son encombrant gourou, Nicolas Sarkozy ne connaît plus de freins pour s'accrocher à ce doudou qu'est devenue pour lui la République, exaltée du temps de son quinquennat par quelques personnalités de son entourage comme sa « plume », Henri Guaino, ou le ministre François Baroin. Il décide donc de tenter un gros coup après s'être fait élire président de l'UMP. Le parti doit changer de nom, tant les affaires telles que Bygmalion l'ont parasité. Sur les conseils d'une agence de communication spécialisée

---

[1]. Ariane Chemin, Vanessa Schneider, *Le Mauvais Génie*, Fayard, 2015.

... Et quand ils gouvernent, c'est encore pire

dans le « naming », Aubert Storch Associés, ce sera Les Républicains.

À gauche, l'indignation est immense. Sarkozy jubile. Le seul à prendre cette récupération avec le sourire est le philosophe Régis Debray. « On ne criera pas au voleur pour le détournement de "République", écrit-il dans *Le Monde*. L'antiphrase est reine au forum. "Démocraties populaires" désignait des despotismes bureaucratiques, "national-socialisme" une barbarie impérialiste. Le "Front républicain" de Guy Mollet a intronisé la torture dans la République, et un Premier ministre socialiste déclarait récemment sa flamme à l'entreprise capitaliste. » Après cette entrée en matière pateline, Régis Debray attaque : « Marianne est laïque. Elle ne met pas l'instituteur au-dessous du curé. Elle est indivisible. Ne reconnaissant pas les communautés comme corps intermédiaires ni comme sujets de droit, elle n'admet pas qu'on ait pu nommer un "préfet musulman", ni installer la coutume du chef de l'État assistant au dîner du CRIF [...]. Conversion ou pirouette ? Coup de foudre ou coup de pub ? Les deux sont autorisés. Jusqu'à plus ample informé, le candide penchera pour l'option opérette[1]. »

En se retournant sur toutes ces années, le constat est frappant : que de temps passé, à droite, en vaines recherches sémantiques ! Où étaient, pendant tout ce temps, les mesures proposées pour sortir du chômage de masse et des déficits vertigineux ? Pendant toutes ces palabres, qui pensait à gouverner ?

---

1. « Gardons le sourire », *Le Monde*, 26 mai 2015.

20

La comédie du paritarisme

Mathias Boton ne laissera pas son nom dans les annales de l'histoire syndicale ni dans celles de la défense des droits des salariés. Ou plutôt si. Mais à la rubrique judiciaire. En mars 2015, il a été condamné à deux ans de prison avec sursis pour avoir détourné près d'un million d'euros qui devait revenir à Force ouvrière[1]. La manière dont il s'y est pris pour attaquer la diligence n'est pas particulièrement créative. Secrétaire général adjoint de la fédération FO des employés et cadres, Boton avait ouvert un compte en banque au nom du syndicat. Un compte dont il était le seul à connaître l'existence. Sur ce compte qu'il siphonnait consciencieusement de façon à ne pas y laisser trop de liquidités et à éviter ainsi d'attirer l'œil de son banquier, il encaissait des chèques qui ne lui étaient pas destinés. Simple comme bonjour.

Mathias Boton a ainsi reçu 156 000 euros de BisVedior, 38 000 euros d'Adecco et des dizaines de milliers d'euros provenant d'entreprises d'intérim ou du secteur social comme la complémentaire santé Malakoff-

---

[1]. En avril 2015, le parquet, qui demandait trois ans de prison dont un ferme, a fait appel de ce jugement qu'il juge trop clément.

... Et quand ils gouvernent, c'est encore pire

Médéric. Mais son coup de maître, cet apparatchik de Force ouvrière (il est permanent depuis 1990) l'a réalisé en mettant la main sur 468 500 euros versés par l'Adesatt, une association pilotée par des représentants de salariés et d'employeurs du secteur du conseil et de l'ingénierie dont la raison d'être est de financer... le paritarisme (le budget annuel est de 5 millions d'euros tout de même). Une association qui – très officiellement – prend notamment en charge les voyages des militants syndicaux à des congrès et les indemnise lorsqu'ils participent à des séminaires. Elle réalise aussi – non ce n'est pas un trait d'humour noir – des études d'experts sur le travail. C'est en tout cas comme cela que les magistrats ont tenté de décrire les missions de ce drôle d'organisme.

L'affaire n'a pas eu de retentissement spectaculaire. Après tout, les escrocs sont légion et il y en a sans doute autant chez les syndicalistes qu'ailleurs... L'attitude des « victimes » est en revanche des plus étonnantes. Hormis Force ouvrière, une seule des entreprises flouées s'est portée partie civile. Mais surtout, celles-ci ont toutes mis quatre ans à se rendre compte que leurs chèques libellés à l'ordre de FO se retrouvaient dans la poche personnelle d'un apparatchik de l'organisation. Parce que leurs comptables respectifs étaient tous en arrêt de longue maladie au même moment ? Parce que leurs commissaires aux comptes avaient trop de choses à faire ? Pas du tout. Ce n'est pas non plus, comme l'a dit pendant le procès un des responsables syndicaux appelé comme témoin, parce que, « dans ce monde-là, on se fait confiance ». Mais plus simplement parce que Mathias Boton empochait de l'argent qui n'existait pas vraiment.

La comédie du paritarisme

Une partie des sommes était officiellement versée en contrepartie de prestations… fictives. Un exemple ? Malakoff-Médéric a payé 118 000 euros des cours de « droit social » et de « droit syndical » que FO devait dispenser devant les salariés de l'institution. Si celle-ci ne s'est rendu compte de rien, c'est parce qu'il était entendu d'avance qu'il n'y aurait jamais ni le moindre professeur ni le moindre élève, que tout cela n'était que du vent et que les sommes étaient destinées à financer le fonctionnement du syndicat. Un cours de « droit » fictif, voilà en tout cas qui a dû faire beaucoup rire le juge chargé de l'instruction de cette faire !

Cette histoire lamentable illustre jusqu'à la caricature le petit spectacle de Guignol que tous les gouvernements acceptent par ailleurs de sponsoriser depuis des années. Parce que les syndicats n'ont plus d'adhérents donc plus de ressources, il est nécessaire de les perfuser par tous les moyens. La « fausse formation » en fait donc partie, et les entreprises acceptent de payer leur part dans la production de ce spectacle, dont l'objectif est simple : faire croire aux Français que rien n'a changé depuis 1945, que le dialogue social est la clé du progrès et que les syndicats sont des partenaires sociaux représentatifs et incontournables. Et il n'est pas question de toucher à un cheveu de la moindre organisation syndicale, même modeste…

On ne touche pas à la CFTC !

Ancien sénateur centriste de la Mayenne et aujourd'hui député européen, Jean Arthuis n'est pas vraiment quelqu'un que l'on pourrait ranger dans la

... Et quand ils gouvernent, c'est encore pire

catégorie « ennemi de la politique familiale ». Pour lui, aider financièrement les couples avec enfants est tout à fait légitime. Dans le passé, il a même bataillé lors de longues séances de nuit au Sénat contre un ministre qui voulait réduire l'Aged, l'allocation de garde d'enfant à domicile, ou contre un autre qui s'en prenait au quotient familial. Seulement voilà... Cela fait des années que ce farouche défenseur de la TVA sociale trouve aberrant (et surtout économiquement anticompétitif) que les entreprises financent la politique familiale, à travers les charges patronales et les cotisations aux caisses d'allocations familiales, comme c'est le cas depuis 1945. Pour cet ancien expert-comptable qui fut le ministre de l'Économie d'Alain Juppé entre 1995 et 1997, les entreprises n'ont pas à être taxées pour une politique qui relève de l'État ou éventuellement des collectivités locales.

Du bon sens ? Pas du tout ! C'est une folie ! C'est en tout cas ce que lui a dit Nicolas Sarkozy. Président de la commission des finances au Sénat de 2002 à 2011, Jean Arthuis a eu le malheur d'aller à l'Élysée discuter avec Nicolas Sarkozy de son projet destiné à cesser de faire les poches aux entreprises pour financer les « allocs » et autres aides à la petite enfance. La réponse du Président a été claire : « Les Caf, c'est pour la CFTC. Et on ne touche pas à la CFTC. » La CFTC ? Oui, oui, ce petit syndicat de « travailleurs chrétiens » qui, après sa scission en 1964 d'avec la CFDT, réalise des scores à un seul chiffre à chaque élection prud'homale et ne parvient pas à réunir plus de six mille personnes lors de ses défilés... Une organisation syndicale qui ne représente pourtant une menace ni pour les patrons, ni pour l'État, ni pour les autres syndicats. Mais à qui Nicolas Sarkozy ne veut surtout pas toucher. Et pour cause :

chaque organisation syndicale a sa petite seigneurie. La CFTC assure la présidence des Caf depuis plusieurs décennies. De 1959 à 1990, FO a dirigé, en alternance avec le patronat, l'Unédic avant de céder la place à la CFDT. Depuis, ses hiérarques occupent les postes clés de la Cnav, l'assurance vieillesse. On ne change pas une équipe qui gagne.

Le théâtre de Guignol

Il y a quelques années, l'affaire de la caisse noire de l'UIMM aurait dû faire voler en éclats le paritarisme à la française. La mise au jour de ces généreuses enveloppes de liquide, que l'organisation patronale distribuait aux syndicats pour « fluidifier le dialogue social[1] », aurait dû provoquer un séisme. C'était une occasion de mettre fin à l'opacité de ce « modèle » si français et de remettre entièrement à plat les relations entre « partenaires sociaux ».

Mais Nicolas Sarkozy, encore une fois, s'est contenté de mettre la poussière sous le tapis. François Chérèque, alors patron de la CFDT, n'en revient pas quand le Président, qui le reçoit à l'Élysée au moment du scandale, évoque le préalable à une réforme du financement des syndicats : une loi d'amnistie ! Avant, finalement, de ne rien faire du tout. Et François Hollande ? Il a demandé à son ministre du Travail, Michel Sapin, d'inventer une taxe sur les salaires destinée à financer la vie syndicale. Entrée en vigueur le 1er janvier 2015,

---

1. L'expression appartient à Denis Gautier-Sauvagnac, l'ancien patron de l'UIMM, un homme qui a tout de même sorti 16 millions en liquide de ses comptes en banque entre 2002 et 2007.

... Et quand ils gouvernent, c'est encore pire

celle-ci doit rapporter 75 millions d'euros par an et se substituer au financement opaque réalisé par le biais de la formation professionnelle qui existait jusqu'alors. Mais, dans le même temps, rien n'a été mis en place pour éviter les cours de droit et autres séminaires fictifs pour alimenter les caisses syndicales. Michel Sapin avait de toute façon donné des gages au moment d'annoncer cette réformette : « Il n'y aura pas de perdant. » Traduction : même les centrales qui connaissent une hémorragie d'adhérents ne verront pas leurs moyens baisser. Pourtant, le taux de syndicalisation en France est inférieur à 8 %[1], contre 18 % en 1980 et près de 30 % en 1946.

Mais il y a toujours du « grain à moudre », selon l'expression favorite de feu l'ancien secrétaire général de Force ouvrière André Bergeron. Même les ministres les plus importants du gouvernement Valls sont prêts à se mettre en quatre pour gratifier les syndicats qui sont leurs interlocuteurs réguliers. Pendant tout le mois de mai 2015, François Hollande doit faire la police entre François Rebsamen, le ministre du Travail, et Christiane Taubira, la garde des Sceaux, qui s'écharpent. L'origine de leur brouille ne concerne pas un sujet planétaire mais la loi Macron qui prévoit notamment une formation obligatoire de cinq jours pour les conseillers prud'homaux avant qu'ils arbitrent les conflits entre patrons et salariés.

Taubira trouve-t-elle que la loi Macron est trop libérale ? Rebsamen pas assez ? Pas du tout. Il s'agit tout simplement de savoir qui va gagner des millions. Quarante-deux exactement, qui doivent financer ces formations sur une durée de cinq ans. Poussés par les cen-

---

1. 7,7 % en 2012 selon les statistiques de l'OCDE.

La comédie du paritarisme

trales syndicales avec lesquelles ils passent leurs journées à discuter, les deux ministres veulent tout simplement leur être agréables. Pour Rebsamen, ce sont les organisations traditionnelles (CGT, FO, CFDT, Medef, etc.) qui doivent s'en charger, à travers les dix-huit centres de formation paritaires reconnus par le ministère. Sa collègue Christiane Taubira veut, elle, faire plaisir aux syndicats de magistrats et d'avocats ainsi qu'à l'ENM, l'école nationale de la magistrature, qui souhaitent récupérer le marché.

Après des semaines de guérilla, François Hollande finit par trancher en faveur de François Rebsamen. Un cadeau de départ pour celui qui a préféré, en septembre 2015, retourner piloter sa mairie de Dijon plutôt que de continuer à annoncer les mauvais chiffres du chômage ? Pas du tout. Le Président, qui pense déjà à sa réélection éventuelle, a choisi de câliner les organisations syndicales traditionnelles.

Les syndicats sont faibles. Ils n'ont pas d'adhérents, ils doivent leur train de vie à des artifices comptables. Mais personne, à commencer par l'ancien président du conseil général de Corrèze, n'a envie que ça change. On a besoin des syndicats sur la photo.

C'est la fête au palais d'Iéna

Plutôt que de s'attaquer concrètement au fonctionnement de la « démocratie sociale », François Hollande (comme ses prédécesseurs) préfère organiser des grands-messes. Est-ce pour trouver des solutions nouvelles au chômage ? Aux déficits du système de retraite ou de l'assurance maladie ? Pas le moins du monde. En juillet 2014, il veut montrer aux Français qu'il a ouvert

... Et quand ils gouvernent, c'est encore pire

toutes sortes de chantiers pour améliorer leur quotidien. C'est l'objectif de la « grande conférence sociale ». Une opération qui ressemble surtout à une réception mondaine ou à un colloque un peu chic avec d'innombrables discours, sept tables rondes sur les sujets les plus variés, un cocktail de lancement (avec petits-fours) et des interviews à foison.

Pendant tout le printemps 2014, alors que les invitations viennent d'être envoyées, les invités font un peu la tête. Entre ceux qui n'ont pas vraiment envie de venir et ceux qui font des caprices, l'Élysée est dé-bor-dé. Benoît Hamon, le ministre de l'Économie sociale, veut son estrade et sa table ronde. Pour ne pas le fâcher, on la lui donne. Coup de fil de Najat Vallaud-Belkacem. Elle veut parler des jeunes. Elle a droit à sa table ronde. Un peu plus tard, c'est le Medef qui gémit. Pierre Gattaz vient d'apprendre que François Rebsamen s'apprête à signer les décrets de la loi sur la pénibilité ? Pour le président du Medef, c'est une provocation. Il ne viendra pas à la conférence de François Hollande. Et comme par enchantement, la publication des décrets est repoussée. Mieux, ils seront modifiés. Ça ne plaît pas du tout à Laurent Berger (CFDT) qui menace à son tour de bouder la grand-messe ? Le Président demande à ses équipes de trouver quelque chose pour faire plaisir à la CFDT. On ne peut tout de même pas avoir une chaise vide. Et ainsi de suite. Avec une mention spéciale pour la CGT qui a accepté de venir mais à la condition que ses responsables puissent détailler devant les invités leurs... quatre-vingt-quatorze propositions pour un monde meilleur.

Pendant plusieurs semaines, l'Élysée se retrouve dans la position de la maîtresse de maison qui tient absolument à organiser un déjeuner où personne n'a envie

La comédie du paritarisme

de venir et pas grand-chose à se dire. Avec ce résultat : François Hollande passe ses journées à changer de plan de table au gré des humeurs des uns et des autres. Jean-Claude Mailly, le secrétaire général de Force ouvrière, dit les choses clairement : « Cette conférence sociale, on va s'y emmerder. » Il n'y a que Michel Sapin, le nouveau ministre des Finances venu du Travail, qui trouve tous ces préparatifs très rigolos : à la radio, quelques jours avant le début des festivités sociales du Président, il lance une blague désopilante sur le code du travail. Il est trop gros ce code ? Il n'y a qu'à changer la taille des caractères d'imprimerie, dit-il joyeusement.

François Hollande s'est donné du mal pour que ses invités soient non seulement bien reçus mais qu'ils n'aient pas trop à marcher et se sentent comme chez eux : il a choisi le palais d'Iéna, le siège du Conseil économique, social et environnemental, une institution pratiquement cogérée par les syndicats et le patronat. Cogérée certes mais sur fonds publics tout de même : le CESE reçoit près de 40 millions d'euros par an de l'État pour son fonctionnement. Les syndicalistes, les patrons, les présidents d'associations en tout genre, sans oublier les amis du régime, continuent, eux, à y discuter en toute convivialité de sujets essentiels. Un jour, ils planchent[1] sur « la microfinance dans les outre-mer ». Un autre, ils parlent de la réforme du système de retraite. Celui des salariés français ? Non, non, celui du... Conseil économique, social et environnemental. C'est-à-dire le leur.

À l'automne 2015, les deux cent trente-trois membres du CESE ont dû prendre quelques mesures d'économie, l'État ayant plafonné sa dotation à 40 millions

---

1. Séance du 10 février 2015 suivie d'un vote.

d'euros. Ils ont donc voté une réforme en profondeur de leur régime de retraite particulièrement généreux (ils touchent 700 euros de retraite à vie après cinq ans de mandat et 1 120 euros de retraite après deux mandats, évidemment cumulables avec celle qu'ils perçoivent au titre de leur activité professionnelle). Ils n'ont pas fait dans la dentelle : les indemnités sont presque divisées par deux. Mais qu'on se rassure, pas pour eux. Ils ont décidé que la mesure ne serait pas rétroactive et qu'elle ne s'appliquerait qu'à leurs successeurs. Quant aux cinquante-quatre jours de congés des huissiers et des salariés du CESE, ils ont préféré ne pas y toucher. Ce serait regrettable pour un syndicaliste de trouver un piquet de grève à la porte de son bureau.

Un syndicaliste au festival de Cannes

Le paritarisme n'est pas seulement un théâtre qui fait vivre (généreusement) beaucoup de monde. Il arrange tout le monde. À commencer par le gouvernement et l'opposition sur le mode « quand je me compare, je me rassure ». Et pour cause ! La faiblesse des syndicats est telle qu'ils sont de parfaits boucs émissaires pour masquer à l'opinion l'impuissance politique. Avec « Bruxelles », la « mondialisation », les « immigrés » (pour Marine Le Pen), « syndicats » ou « patronat » sont des mots clés – des mots-valises disent les enseignants – qui permettent aux politiques de faire un peu oublier leur insuffisance quand ils se retrouvent face aux Français.

L'indemnisation des intermittents du spectacle, qui coûte des sommes folles, est un sujet de préoccupation récurrent. En mars 2014 – le fait est suffisamment rare

La comédie du paritarisme

pour être souligné –, tous les syndicats (à l'exception de la CGT) et le patronat se mettent d'accord pour réaliser 90 millions d'euros d'économies sur ce régime très coûteux. Que fait le gouvernement ? Il applaudit devant le sens des responsabilités des uns et des autres ? Pas du tout. Puisque la CGT spectacle menace de bloquer tous les festivals d'été et de gâcher les vacances des ministres, l'accord est bien validé par le gouvernement. Mais les 90 millions d'euros d'économies qui devaient être réalisées sont pris sur le budget de l'État. En clair, ce sont les contribuables qui prennent en charge la facture et non les intermittents comme l'accord le prévoyait. On ne s'attaque pas aux amis de Jean Voirin, l'homme qui a régné sur la CGT spectacle entre 1989 et 2013 et qui avait le même rang que les producteurs ou les plus grands réalisateurs (il était à la fois administrateur du festival de Cannes et patron du centre de formation de la profession – 213 millions d'euros de budget annuel).

Voilà à quoi ressemble la « démocratie sociale » en 2015. Mais chut... il ne faut surtout pas le dire. Nicolas Perruchot en sait quelque chose. En 2010, ce centriste, alors député-maire de Blois, avait réussi à constituer une commission d'enquête parlementaire sur le financement du paritarisme, qui réunissait des députés de toutes sensibilités. Qu'ont-ils découvert ? Que les syndicats ne se financent pas seulement grâce à l'argent de la formation professionnelle. Mais aussi sur le dos de la Sécurité sociale et de l'Unédic. Qu'ils reçoivent des prébendes de la SNCF, de la RATP ou d'EDF, le tout dans la plus grande opacité, même aux yeux... de l'Urssaf. Le résultat a été tellement édifiant que, pour la première fois depuis 1958, les travaux n'ont pas fait l'objet d'une communication publique. Et le rapport

... Et quand ils gouvernent, c'est encore pire

Perruchot est resté secret. À charge pour les syndicats de tenir leurs troupes.

En novembre 2013, lors de la révolte des Bonnets rouges, plusieurs responsables syndicaux bretons, de la CGT, de FO, de la CFDT, avaient manifesté avec ceux qui se présentaient comme des insurgés. Qui les a fait rentrer chez eux ? Les patrons des centrales syndicales en personne. Ils ont remonté les bretelles des leaders régionaux. Et sans faire dans la nuance : « J'entends des gens qui se plaignent alors qu'ils ne payent pas d'impôts ! » (Thierry Lepaon, CGT) ; « L'impôt est indispensable » (Jean-Claude Mailly, FO). Mieux encore ! « L'impôt, c'est le vivre-ensemble » (Laurent Berger, CFDT).

Il ne faudrait tout de même pas cracher dans la soupe. Surtout que la fiscalité, c'est le nerf de la guerre.

21

Voyage de presse chez le percepteur

Les hauts fonctionnaires allemands sont des gens très polis. Pas du genre à critiquer ouvertement Nicolas Sarkozy ou à dire au premier venu que les idées du Président français sont franchement loufoques ou un peu confuses. Ils font les choses plus subtilement. En ce mois de novembre 2010, l'ambassade d'Allemagne à Paris organise un voyage de presse à Cologne et à Berlin pour quelques journalistes français spécialisés en économie. Il y a là le représentant du *Figaro*, celui du *Monde*. *Les Échos*, *La Tribune*, *Le Point* et deux ou trois autres grands titres de la presse parisienne ont eux aussi été conviés.

Ce voyage tous frais payés – offert par le contribuable allemand – n'est pas vraiment ce qu'on pourrait appeler un séjour d'agrément... À Berlin, les journalistes français sont hébergés dans une auberge de jeunesse. Au programme, pas de dîner gastronomique ni de soirée à l'Opéra, mais la visite d'un centre d'imposition, une rencontre avec un professeur de fiscalité de l'université de Cologne, un entretien avec quelques hiérarques de l'administration du ministère fédéral du Budget... Pour clôturer ce séjour de quarante-huit heures, il a même été organisé un rendez-vous avec l'adjoint aux finances de la mairie de Berlin. Seule concession aux joies du tourisme, cinq petites minutes en minibus pour voir ce qui reste du mur avant de filer à l'aéroport.

La feuille de route officielle du voyage de presse ? Montrer aux journalistes venus de Paris le fonctionnement concret de la fiscalité allemande. C'est de la pé-da-go-gie ! Dans la réalité, l'intention est un peu différente. Il s'agit ni plus ni moins de torpiller la dernière trouvaille de Nicolas Sarkozy.

Quelques semaines plus tôt, le Président français a eu une idée absolument géniale qu'il s'est empressé d'annoncer à la télévision : il faut fusionner les impôts français et allemands. La France va mal ? L'État est surendetté ? L'industrie est moribonde ? Mais c'est bien sûr ! Il n'y a qu'à faire un copier-coller du système fiscal allemand. Et tout ira beaucoup mieux...

Concocté par quelques hauts fonctionnaires allemands, le voyage de presse est donc destiné à torpiller l'initiative de l'Élysée. La démonstration est simple :

1. Le système fiscal est au moins aussi compliqué en Allemagne qu'en France (la déclaration d'impôt fait vingt-quatre pages tout de même !)

2. Il n'y a pas de quotient familial en Allemagne.

3. Un impôt religieux est par ailleurs prélevé et versé au culte choisi par le contribuable.

4. L'Allemagne est une fédération. L'imposition y est donc tout autant un sujet traité par les Länder (les régions) que par Angela Merkel elle-même.

Autant dire qu'avant de fusionner les impôts, il faudrait commencer par changer la Constitution, mettre fin à la politique familiale et abroger la loi de 1905 sur la séparation des Églises et de l'État. Tout cela n'a évidemment aucun sens.

Dans les articles qu'ils ont rédigés à leur retour, les journalistes invités sont tous arrivés à la même conclusion, qu'on leur avait habilement soufflée à Berlin : c'est moins le système fiscal qui importe que... le taux d'imposition. Et dans ce domaine, la France est championne toutes catégories. Elle devrait donc commencer par baisser les impôts. Le message subliminal adressé au Président français par l'intermédiaire des journalistes n'a pas besoin de traduction.

Il était d'ailleurs probablement inutile de déplacer tout ce monde à Berlin. Car Nicolas Sarkozy n'a jamais eu l'intention d'entreprendre la moindre réforme pour harmoniser les fiscalités française et allemande. Non, il voulait simplement, lors de sa prestation télévisée, montrer qu'il ne restait pas immobile, qu'il faisait même preuve d'audace et de créativité. Comme il n'est pas prêt à baisser les impôts et que, contrairement à toutes ses promesses, il les augmente même, il a créé une diversion. Et tout le monde est tombé dans le panneau.

Les experts

Sarkozy et Hollande ont au moins un point commun : leur passion pour les impôts. L'un et l'autre se voient comme des experts mondiaux de la fiscalité. L'ancien Président a été le ministre du Budget d'Édouard Balladur en 1993 et le ministre de l'Économie et des Finances de Jacques Chirac en 2004.

Pendant sa campagne de 2007, il a inventé le concept du « choc fiscal ». Pour bien faire comprendre aux Français concrètement en quoi consistait ce « choc », il a pris un exemple sympa – Johnny Hallyday, qui venait d'annoncer qu'il partait en Suisse – et a joué à l'indigné : « Un pays où tant de nos artistes, de nos créateurs, de nos chercheurs, où tant de gens se disent qu'il faut

... Et quand ils gouvernent, c'est encore pire

partir, c'est bien qu'il y a un problème. » La suite, on la connaît. La crise financière et la flambée des déficits ont tout gâché. La Cour des comptes a fait tourner ses logiciels et présenté un bilan assez cruel : le « choc » n'a servi qu'à une chose, alourdir la dette publique... Finalement, Nicolas Sarkozy a dû augmenter les impôts. Fini le « choc fiscal » !

François Hollande, lui, n'a jamais été ministre du Budget. Mais il a tellement rêvé d'occuper le fauteuil à Bercy qu'il s'y est préparé des dizaines de fois. Il ne l'a jamais décroché. Au début des années quatre-vingt-dix, il a même connu son heure de gloire : il a écrit un rapport sur la fiscalité du patrimoine qui a permis à François Mitterrand de jouer les indignés à bon compte.

En 1999, en pleine cohabitation et pendant l'affaire de la « cagnotte[1] », il a déployé tous ses efforts pour qu'on prenne en compte ses convictions sur la fiscalité. Alors qu'il n'était que le premier secrétaire du PS, il a exigé – et obtenu de Lionel Jospin – que Matignon « rende » aux Français près de 40 milliards d'euros contre l'avis de Christian Sautter, le ministre des comptes publics en titre, qui souhaitait, lui, garder cette « cagnotte » en prévision des mauvais jours et pour désendetter le pays...

C'est à cette époque qu'il enseigne la fiscalité aux étudiants de Sciences-Po, avec Pierre Moscovici comme doublure. Ce dernier s'en souvient encore. « Il était brillant, il était drôle. Il avait un petit défaut, c'est qu'on ne savait jamais s'il allait venir ou pas [...]. Il y avait franchement six cents personnes, des gens assis sur l'estrade, sur nos pieds, un truc complètement fou ! [...] Mais il

---

1. Jacques Chirac avait « révélé » aux Français, dans son interview du 14 juillet 1999, que les rentrées fiscales dépassaient de 15 milliards d'euros les prévisions du gouvernement Jospin.

Voyage de presse chez le percepteur

y avait un petit détail, il fallait toujours que j'aie deux exposés dans ma poche, car [...] une fois sur trois, j'ai le regret de dire qu'il arrivait qu'il ne vienne pas. Et moi, je devais toujours toujours toujours assurer[1]. » Une pointe de ressentiment, peut-être ?

En tout cas, début 2011, François Hollande croit son heure arrivée. Bercy, ce sera pour lui en 2012. Son calcul est le suivant : il sera candidat à la primaire ; il se fera battre par Dominique Strauss-Kahn mais celui-ci sera bien obligé de prendre ses doléances en compte pour qu'il se rallie à lui.

L'épisode du Sofitel l'a obligé à revoir ses plans et lui a offert un nouvel espace...

Comme il a beaucoup planché sur ce qu'il ferait à Bercy, François Hollande est prêt à dérouler ses engagements de candidat à la présidence, contenus dans son « agenda du changement ». Nicolas Sarkozy avait imaginé un « choc ». Lui ferait les choses en plus grand encore. Ce sera « la révolution fiscale ». Carrément ! Il a beaucoup consulté Thomas Piketty, l'auteur du best-seller mondial *Le Capital au XXIe siècle*, promis le prélèvement à la source et même la fusion de l'impôt sur le revenu et de la CSG. Ce dernier engagement est à peu près aussi réaliste que la fusion des systèmes fiscaux français et allemand envisagée par Sarkozy, comme le démontreront plusieurs rapports[2] au cours de son quinquennat mais cela n'a aucune importance : il faut bien donner un peu de chair à cette révolution annoncée.

---

1. Interview de Pierre Moscovici à ScPo TV, juin 2014.
2. Notamment celui du Conseil des prélèvements obligatoires (CPO) de février 2015 : « Impôt sur le revenu, CSG : quelles réformes ? ».

... Et quand ils gouvernent, c'est encore pire

Pour le reste, il a sans doute suivi pas mal de cours à la ligue de l'improvisation en imaginant, en direct lors d'une émission de télévision, cette taxe à 75 % sur les revenus de plus d'un million d'euros (elle ne verra jamais le jour) ou en promettant d'annuler la hausse de la TVA effectuée peu de temps auparavant par Nicolas Sarkozy (ce qu'il regrettera plus tard[1], vu la flambée des déficits).

Une fois à l'Élysée, François Hollande ne veut pas ranger sur une étagère ses projets de « révolution fiscale ». Il lève un peu plus de 10 milliards d'impôts supplémentaires la première année. Puis il attend de voir ce qui va se passer. Et quand la grogne des Bonnets rouges et des « pigeons », la fuite des grandes fortunes, le « ras-le-bol fiscal » (l'incroyable formule du ministre de l'Économie et des Finances de l'époque, Pierre Moscovici !) commencent à plomber sérieusement sa popularité, il crée un effet d'annonce : les impôts ne vont pas tarder à baisser.

Le joujou du Président

François Mitterrand puis Jacques Chirac ne s'intéressaient que très modérément à la cuisine fiscale. Pour eux, tout cela n'était finalement que de l'intendance. Convaincus de leur clairvoyance et de leur génie dans le domaine, Nicolas Sarkozy et François Hollande en ont fait un véritable domaine réservé, comme si c'était un peu leur joujou. Quitte à se transformer progressivement en docteur Folamour de la fiscalité. Avec le même effet dans un ordre différent : diminuer les impôts, puis les augmenter, ou l'inverse…

---

1. Françoise Fressoz, *Le stage est fini*, Albin Michel, 2015.

Voyage de presse chez le percepteur

À défaut d'entreprendre les grandes réformes qu'ils avaient promises, les deux hommes semblent persuadés que, pour laisser leur trace dans l'histoire, il faut absolument qu'ils inventent de nouvelles taxes. Dans ce domaine, leur créativité ne connaît aucune limite. On se souvient du roman tragicomique de l'écotaxe imaginée dans la foulée du Grenelle de l'environnement (présidence Sarkozy) et détricotée sous la pression des lobbies du transport routier (présidence Hollande). De la taxe Tobin sur les flux financiers (Nicolas Sarkozy voulait l'imposer à ses partenaires de l'Union européenne). Ou, plus récemment, de la taxe mort-née sur le Nutella (merci, Ségolène Royal), ou bien sur les boissons énergisantes (présidence Hollande).

Et pourtant ! Plutôt que de jouer au justicier fiscal, il aurait suffi qu'à l'Élysée on se donne le mal de lire deux rapports officiels de la prestigieuse inspection générale des Finances. L'un a été écrit pendant la présidence Sarkozy et évoque six cents niches fiscales. Constat : la moitié d'entre elles sont totalement inutiles et mériteraient d'être effacées du code général des impôts. Exemples : la déduction pour l'achat d'une œuvre d'art d'un artiste vivant, la détaxe sur la prime de médaille du travail, la détaxe pour les jeunes chanteurs, le déneigement taxé à 5,5 % ou les exonérations pour les inconvénients de l'insularité… À chaque page de ce document, il n'est question que d'effets d'aubaine et d'effets pervers.

L'autre rapport, lui aussi rédigé par l'inspection générale des Finances, a été rendu au milieu du quinquennat de François Hollande. Il évoque les cent quatre-vingt-douze taxes « à faible rendement » (elles rapportent au total quelques centaines de millions d'euros) que compte le système fiscal français. On découvre qu'il

... Et quand ils gouvernent, c'est encore pire

en existe une sur le ski de fond, d'autres sur le permis de conduire, sur les fruits et légumes – à l'exception des pommes de terre et des bananes –, et même sur l'archéologie préventive. Mesurés, les inspecteurs des Finances préconisaient d'en supprimer plus d'une centaine.

Que s'est-il passé ?

En cinq ans de mandat, Sarkozy, l'homme qui ambitionnait de fusionner les impôts allemand et français, n'a réussi à abolir qu'une poignée de niches fiscales, puisqu'il en reste plus de cinq cents. Quant à Hollande, le légendaire professeur de fiscalité à Sciences-Po, il a supprimé en tout et pour tout dix taxes inutiles. Celle sur les flippers et les baby-foot, celle sur les graines oléagineuses et quelques autres.

Décidément, la « révolution fiscale » n'est pas pour demain !

21

La farce du permis de conduire

En ce mois de janvier 2015, Manuel Valls est en visite officielle à Pékin, invité par son homologue Li Keqiang avec qui il doit rencontrer une brochette d'officiels chinois. Pour un homme politique français, être reçu en grande pompe par les princes rouges de la nouvelle superpuissance mondiale est surtout flatteur pour l'ego : cela veut dire que les Chinois parient sur votre avenir politique et investissent sur vous. Manuel Valls a donc toutes les raisons d'être ravi.

Mais que fait-il pendant ce voyage ? Essaye-t-il de convaincre les ministres chinois qu'ils ne doivent plus fermer les yeux sur la contrefaçon des produits de luxe français ? Passe-t-il la main dans le dos à des investisseurs potentiels en leur détaillant par le menu les atouts du modèle français ? S'intéresse-t-il à Confucius ? Rien de tout cela. Pendant qu'il est en Chine, le chef du gouvernement français est au téléphone avec Emmanuel Macron et Bernard Cazeneuve, deux de ses principaux ministres, pour parler de Christian Grolier.

Christian qui ? Christian Grolier est l'un des hommes les plus puissants de France. Personne ne le connaît mais il parle d'égal à égal avec les ministres. Et Bernard Cazeneuve, en première ligne dans la lutte contre

... Et quand ils gouvernent, c'est encore pire

le terrorisme, a peur de Christian Grolier. Il ne veut pas froisser le secrétaire général Force ouvrière de la fonction publique avec qui il est en train de négocier la mise en œuvre de la réforme territoriale. Pour cajoler ce personnage inconnu du grand public mais qui hante les nuits des puissants, le ministre est prêt à tout. Même à déranger Manuel Valls pendant qu'il déguste des nems et des raviolis vapeur à l'autre bout du monde.

Bernard Cazeneuve s'inquiète : Christian Grolier n'est pas content. Pas directement de lui, non, mais d'Emmanuel Macron. Quelques jours auparavant, le jeune ministre de l'Économie a déposé un projet de loi qui porte son nom, dans lequel il veut notamment réformer le système du permis de conduire. Ce n'est qu'un détail dans un long texte fourre-tout, qui va de la rémunération des notaires à l'ouverture des magasins le dimanche, mais le dirigeant de la fédération FO des fonctionnaires le prend comme une attaque personnelle. Et il pèse environ 20 % des voix aux élections représentatives dans les trois fonctions publiques, parfois davantage dans certains métiers. La police notamment.

Pourquoi Christian Grolier est-il tellement en colère ? Parce que dans une autre vie il a été moniteur d'auto-école, puis inspecteur du permis de conduire. Il est alors devenu patron d'un petit syndicat au sein de FO, celui des moniteurs d'auto-école et des inspecteurs du permis de conduire justement. Puis il a grimpé les échelons jusqu'à la toute-puissante fédération FO de la fonction publique.

Christian Grolier n'est pas un ingrat. Il se souvient que, sans ses anciens confrères moniteurs et inspecteurs, il ne serait pas en position de faire la pluie et le beau temps au ministère de l'Intérieur. Et Macron, ce jeune

La farce du permis de conduire

blanc-bec, qui était encore à l'école primaire quand lui passait déjà ses journées dans des voitures à double commande, veut faire du mal à ses anciens amis !

Macron entend mettre fin à leur monopole, au prétexte qu'obtenir le permis en France est beaucoup plus cher et infiniment plus long que partout ailleurs en Europe. Il faut dépenser parfois plus de 2 000 euros, et attendre plus de trois mois pour retenter sa chance si l'on échoue la première fois, ce qui est le cas de 40 % des candidats. Il pousse même la provocation jusqu'à rappeler publiquement que c'est un énorme obstacle pour l'accès à l'emploi, notamment des jeunes.

Ce jeune ministre n'a aucun frein social, pense Christian Grolier, qui était bien content quand il l'a vu s'enfoncer à propos des ouvrières des abattoirs Gad, en Bretagne : « Il y a une majorité de femmes, illettrées, ayant toutes les difficultés à obtenir le permis de conduire et qui se retrouvent de ce fait incapables de postuler à des emplois loin de chez elles. » Les « illettrées » n'avaient pas apprécié. Emmanuel Macron avait même dû s'excuser. Voilà ce qui arrive quand on veut faire de la pédagogie !

Christian Grolier a fait part de son mécontentement à Bernard Cazeneuve, qui a transmis à Emmanuel Macron, lequel n'a rien voulu entendre, parce qu'il voit dans cette histoire le symbole qu'on peut bouger les choses en France.

Ce feuilleton du permis de conduire n'est pas nouveau. Le vrai malaise a commencé quand Jacques Chirac a supprimé le service militaire en 1997. Jusqu'alors, de nombreux jeunes apprenaient à conduire sous l'uniforme, et rien n'a été mis en place pour remplacer les militaires examinateurs. Rien ? Ah si, tout de même… Il y a quelques années, la durée de l'examen a été réduite

... Et quand ils gouvernent, c'est encore pire

de… trois minutes, afin de faire passer un candidat de plus par jour et par inspecteur.

Autre mesure à la hauteur du problème : en janvier 2006, une circulaire de la Direction de la sécurité et de la circulation routières a autorisé les candidats en attente et qui ont effectué leurs vingt heures obligatoires en auto-école à s'entraîner sur des voitures à double commande à condition que le passager-instructeur ait quatre ans de permis et soit âgé de plus de vingt-cinq ans. Et comme tout le monde a évidemment chez soi, dans son garage, une voiture à double commande, la mesure a eu un impact plus que limité sur la vie des gens. Résultat : selon le ministère de l'Intérieur, huit cent mille personnes sont en attente de passer l'examen et près d'un demi-million de jeunes roulent sans permis[1].

Finalement, les seuls à profiter de ce système ubuesque sont les auto-écoles. En attendant leur tour, les candidats qui ne veulent pas trop perdre la main sont évidemment obligés de reprendre des leçons. Ce qui alourdit encore un peu plus la facture des « forfaits vingt heures » obligatoires dont les prix varient de 800 à 1 600 euros selon les régions. Avec ce triste record, selon les associations de consommateurs, le coût moyen du permis en France est de 1 700 euros contre moins de 1 000 euros dans la totalité des pays de l'Union européenne.

---

1. En juillet 2015, face à l'ampleur du phénomène, Christiane Taubira, la ministre de la Justice, a proposé une solution pour le moins originale : faire passer le défaut de permis de conduire au rang de simple contravention. La loi actuelle prévoit un an d'emprisonnement et 15 000 euros d'amende pour conduite sans permis. Le projet, finalement abandonné, prévoyait une amende de 500 euros.

La farce du permis de conduire

Des bâtons dans une roue de mobylette

Pour celui qui a besoin de se déplacer pour travailler, c'est une catastrophe. D'autant plus qu'au gouvernement, où l'on se plaît à rappeler que la priorité, c'est le chômage des jeunes, certains s'amusent à leur mettre des bâtons dans les roues. Depuis 2012, les nouvelles générations de conducteurs doivent en effet obtenir un permis pour conduire un deux-roues de 50 cm^3. Les personnes nées avant le 21 décembre 1987 peuvent toujours conduire sans. Mais pas les autres, les plus jeunes, qui ont pourtant suivi au collège une formation débouchant sur une attestation appelée ASSR (Attestation scolaire de sécurité routière) qui devrait les qualifier davantage que leurs aînés. Concrètement, ils doivent passer un permis dit AM qui comporte sept heures de formation et coûte entre 150 et 400 euros dans une école de conduite.

Un arrêté du 8 novembre 2012, modifié par un autre arrêté du 17 mai 2013, fixe les conditions d'obtention de ce permis AM, également appelé BSR, sans doute pour ajouter au raffinement délicieux de la complexité administrative. Il stipule, tout comme le site du ministère de l'Intérieur, que l'obtention de l'attestation à l'issue de la formation ne permet pas de conduire (contrairement à ce qui se passe avec le permis voiture), mais qu'il faut attendre quinze jours pour obtenir le fameux permis officiel. C'est archifaux.

À la préfecture du Val-de-Marne, par exemple, une attestation reçue par les services dans la première quinzaine de juillet 2015 n'a été définitivement traitée qu'en septembre, pour un permis disponible en octobre. Pourquoi ? Parce que les services sont dé-bor-dés.

... Et quand ils gouvernent, c'est encore pire

En résumé, depuis quelques années, un jeune qui n'a pas les moyens de s'offrir le permis de conduire ou pas le temps d'attendre des mois ne peut plus emprunter un deux-roues pour se rendre au travail ou pour en chercher un...

Concours Lépine

À l'Assemblée nationale, Macron n'a pas eu trop de mal à convaincre les députés qu'il fallait mettre fin à cette aberration. Sur cette question qui touche la vie quotidienne de leurs électeurs, beaucoup de députés de tous bords se sont démenés. Certains ont proposé d'autoriser les chauffeurs poids lourds qui passent leur vie sur la route et disposent d'un permis professionnel à devenir inspecteurs. Un parlementaire a défendu la même idée pour les taxis. Un autre a imaginé que les auto-écoles publient leurs résultats (comme les lycées publics le font) pour favoriser la concurrence. Un autre encore a envisagé de faire financer une partie du permis par les assurances automobile. Celui qui a carrément exaspéré Christian Grolier a suggéré que les inscriptions à l'examen ne se fassent plus par l'intermédiaire des écoles mais par le candidat lui-même (les écoles prennent jusqu'à 200 euros par dossier alors que les places d'examen sont délivrées gratuitement par les préfectures[1]). Chacun y est donc allé de sa trouvaille et le débat s'est petit à petit transformé en concours Lépine...

Ce que les parlementaires ignoraient, c'est que Christian Grolier veillait au grain. Il n'a pas mâché ses mots

---

1. La loi Macron a retenu cette dernière disposition : les auto-écoles ne peuvent plus facturer l'inscription aux examens.

La farce du permis de conduire

devant Bernard Cazeneuve. Le ministre de l'Intérieur veut mettre en œuvre sa réforme territoriale sans résistance excessive de la part des syndicats ? Malgré le décalage horaire et le grésillement sur la ligne de téléphone Paris-Pékin, Manuel Valls ne met pas longtemps à trancher quand il entend les explications de Bernard Cazeneuve. Il ne faut pas faire de peine à cet homme sensible. Le reste n'est que littérature.

En guise de lot de consolation, Emmanuel Macron obtient tout de même une grande avancée : les fonctionnaires pourront à l'avenir faire passer le permis de conduire comme les inspecteurs dans certains cas. Les postiers par exemple ? Macron a expliqué à Valls que c'était un bon moyen de régler leur problème de sureffectifs sans trop de casse sociale. Il reste maintenant à équiper les camionnettes jaunes d'une double commande de pilotage. Et à espérer que ce compromis ne dérange pas trop Christian Grolier.

Depuis près de vingt ans, les gouvernements successifs proclament toujours plus fort combien ils sont attentifs à la vie quotidienne des Français. Pourtant, sur une question aussi simple, concrète et sans enjeu partisan, rien n'a été fait. Dans un pays normal avec un Président normal, personne n'aurait tremblé devant un syndicaliste entêté.

23

Le gouvernement *made in France*

Ce 4 mai 2015, François Hollande est derrière un pupitre sur lequel on a installé un drapeau français. Il se trouve à Doha, au Qatar, tout sourire. Il a une bonne et même une excellente nouvelle à annoncer aux Français. Son intervention dure à peine six minutes. Mais ce sont six minutes de bonheur. Tout le discours du Président est une ode à son gouvernement, à ses ministres, à la France et, par-dessus tout, à l'industrie française. Pendant la nuit, le chef de l'État a finalisé et signé le contrat d'acquisition par l'émirat de vingt-quatre avions militaires de combat, les fameux Rafale. Hollande jubile : « C'est une fierté pour le pays » ; « la France est considérée comme un pays fiable » ; « notre crédibilité nous vaut la confiance de nos partenaires » ; « cette bonne nouvelle confirme la reprise de l'économie française ».

À l'écouter, il y a vraiment de quoi se persuader que le *made in France* effectue un formidable retour gagnant, que les chaînes de production des usines de l'Hexagone tournent à plein régime et que la réindustrialisation est en marche.

Ces satisfecits lancés depuis le golfe Persique ne sont en réalité que poudre aux yeux. Car ce que ne dit évidemment pas François Hollande, c'est que l'industrie française est au plus mal. Le phénomène n'est pas neuf : la France est désormais l'un des pays les moins industrialisés de l'Union européenne. Le « secondaire », comme disent les experts économiques, ne pèse plus qu'un dixième du PIB national (contre un quart en Allemagne). C'est autant qu'en Grèce !

D'ailleurs, au moment même où le Président prononce son grandiloquent discours, plusieurs fleurons industriels sont absorbés par des groupes étrangers. Alstom ? Il passe sous le contrôle de General Electric. Alcatel ? Il tombe dans le giron du finlandais Nokia. Le transporteur Norbert Dentressangle ? C'est un fonds d'investissement américain qui met la main dessus. Drôle de printemps où tous les investisseurs étrangers semblent s'être donné le mot pour faire leur marché dans l'Hexagone. Un peu plus tôt dans l'année, les Chinois se sont offert le Club Med, et l'aéroport de Toulouse. Et Areva annonce des pertes de 5 milliards d'euros (alors même que le « champion nucléaire » n'est valorisé en Bourse qu'à 3,5 milliards).

Et le groupe de matériaux de construction Lafarge ? Contrairement à ce que les conseillers en communication – Anne Méaux pour le suisse Holcim et Stéphane Fouks pour le français Lafarge – ont annoncé, il ne réalise pas une fusion « amicale et entre égaux ». Ce qui se prépare, en ce printemps 2015, c'est bel et bien une prise de contrôle par Holcim du groupe Lafarge.

L'État, pourtant, se déclare « vigilant » ! « Vigilant » ? C'est le terme choisi par Emmanuel Macron pour évoquer ce sujet. Interrogé par les journalistes à l'occasion de l'inauguration de la Semaine de l'industrie à Beaune, il assure : « Je veille à ce que la recherche et le développement, les emplois et les sites productifs restent en

... Et quand ils gouvernent, c'est encore pire

France. Je serai très vigilant sur ce point. » On est prié de le croire ! Enfin, pas très longtemps. Car il ne faut pas trois semaines pour que sa « vigilance » soit abusée...

En avril 2015 – un mois après le discours de la vigilance –, les actionnaires du groupe suisse prennent en effet le dessus et obtiennent de meilleures conditions que Lafarge, très endetté. Contrairement aux accords préliminaires, Bruno Lafont, le P-DG français de Lafarge, un énarque, est débarqué de la direction du groupe. Il touche même 8 millions d'euros pour solde de tout compte et pour prix de sa discrétion. Quant au siège de la nouvelle entreprise, tout le monde a trouvé beaucoup mieux qu'il soit localisé... en Suisse.

Ah l'industrie française ! Moins il y en a, plus les oligarques de la politique en parlent. Pendant les derniers mois de la campagne présidentielle de 2012, « l'industrie » a même reçu le label « Grande Cause nationale », au PS comme à l'UMP.

Le Président-candidat n'hésite pas à payer de sa personne pendant la campagne. Ses communicants ont même eu une idée géniale. Le 8 mars ? C'est la journée de la Femme. Ils organisent donc pour le Président en campagne une visite chez « les Lejaby », cette marque de lingerie féminine en grande difficulté. « Femme », « lingerie », « ouvrières » : c'est l'occasion de prononcer tous ces mots en situation. Et de prendre une revanche sur la scène médiatique ? Contre qui ? François Hollande, qui a dépêché un peu plus tôt Arnaud Montebourg sur un des sites de fabrication, à Yssingeaux, en Haute-Loire ? Pas du tout. Contre un des espoirs de la Sarkozie, Laurent Wauquiez, ministre de l'Enseignement supérieur et de la Recherche.

Le contexte ? Au tout début de l'année 2012, les « Lejaby », ont su prendre les politiques à leur propre jeu, celui de la communication. Elles ont compris qu'en faisant venir les caméras de toutes les chaînes de télévision, elles avaient peut-être une chance d'éviter Pôle emploi. En liquidation judiciaire, l'entreprise avait trouvé un repreneur mais plusieurs centres de production devaient fermer. Et notamment l'usine d'Yssingeaux, terre d'élection de Laurent Wauquiez. En quelques semaines, les « Lejaby » sont devenues un symbole national. Et le miracle ne s'est pas fait attendre, c'est un sous-traitant de LVMH qui a repris ce site de production. Oui, oui, LVMH, la multinationale de Bernard Arnault, oui, un ami personnel de Nicolas Sarkozy, s'est mobilisé pour la bonne cause. Sauf que c'est Laurent Wauquiez qui a pris tout le monde de court et annoncé la bonne nouvelle à la télévision. « Quand Nicolas Sarkozy a découvert Wauquiez en train de jouer au sauveur, il a piqué un coup de sang, raconte l'un de ses anciens conseillers à l'Élysée. C'est nous qui avions tout fait, passé les coups de fil. Et voilà qu'en pleine campagne Wauquiez tirait la couverture à lui. »

Avec le recul, il n'y avait pourtant pas de quoi faire le fier-à-bras. Quatre ans après la campagne et passé l'emballement médiatique, la situation des « Lejaby » n'est guère florissante. Deux salariées ont bien reçu la médaille de l'ordre du Mérite des mains d'Arnaud Montebourg. Mais la « maison » a été obligée, en 2015, de se séparer de 30 % des effectifs à cause de la crise économique en Russie (l'un des principaux débouchés de la marque). Quant à « Monette » et les « Ateliéres », deux autres marques lancées avec d'anciennes salariées, elles sont en liquidation judiciaire. Seules les ouvrières d'Yssingeaux – moins d'une centaine – ne s'en sortent pas trop mal : le sous-traitant de la première fortune de France a tenu ses promesses.

... *Et quand ils gouvernent, c'est encore pire*

Ce miroir aux alouettes de la réindustrialisation a été brandi en premier par Arnaud Montebourg. Quand il a été nommé ministre du Redressement productif, celui-ci a décidé de mettre son énergie débordante et ses talents de communicant dans ce combat. Un jour, alors qu'il débloque 380 millions d'euros (une somme dérisoire compte tenu des difficultés de l'industrie), il se transforme en une sorte de Jean Moulin : « Nous avons décidé d'organiser la résistance économique par des décisions et des moyens exceptionnels pour faire en sorte que nous puissions préserver nos outils industriels et sauver le plus possible d'emplois » (novembre 2013). Un autre, il se pose en père protecteur de la nation : « Il y a eu un temps pour l'égoïsme, il a même été au pouvoir au sommet de l'État. Maintenant nous sommes entrés dans le moment où les Français se donnent la main. C'est le moment de l'entraide nationale[1] » (mai 2012). Et plus c'est gros, plus ça passe : il explique ainsi très sérieusement que si la France n'a pas de grands champions industriels, c'est à cause de la droite ! « Depuis quand n'y a-t-il pas eu de grands groupes européens créés en France ? Depuis que la gauche a quitté le pouvoir voici dix ans » (juin 2012). Et quand Peugeot-Citroën annonce une restructuration, il convoque la famille Peugeot à Bercy pour lui passer un savon abondamment relayé dans les médias. Ensuite ? Il ne se passe rien.

Arnaud Montebourg ne sait pas seulement faire de beaux discours. Lorsqu'il était à Bercy entre 2012 et 2014, il a aussi créé la panoplie du « redresseur ». Il a commandé des « médailles du redressement productif » (conçues par la Monnaie de Paris, elles ressemblent un peu à des pin's) pour les distribuer aux chefs d'entre-

---
1. *Le Monde* du 31 mai 2012.

Le gouvernement made in France

prise méritants au fil de ses visites d'usines (une centaine pendant les trente mois qu'il a passés à Bercy). Et comme les médailles ne suffisaient pas, il a aussi largement convoqué les caméras. Un exemple ? Le retour du Solex. En septembre 2013, une PME décide de relancer le célèbre vélo à moteur en créant un petit atelier à Saint-Lô. Et évidemment, Montebourg se charge personnellement de la campagne de publicité. Le voici à cheval sur son VéloSolex dans les allées de Bercy. Qu'on se le dise, c'est pour l'industrie qu'il travaille et pas du tout, mais alors pas du tout pour son image.

Puis la mode ministérielle est passée du redressement productif aux « relocalisations ». Les entreprises implantent leurs usines en Europe centrale ou en Chine ? Il faut faire passer le message que les retours au pays sont tout aussi nombreux. Les chaussettes Kindy, les slips Éminence ont droit à leur visite de ministre et à leurs médailles. Voire parfois à des crédits. Sauf que lutter contre la mondialisation en distribuant des médailles ne marche pas à tous les coups. Deux ans après avoir reçu sept millions d'euros du ministre pour l'aider à se relocaliser, c'est en « redressement » non pas productif mais judiciaire qu'a été placée la fonderie Loiselet, une PME d'Eure-et-Loir.

À peine débarqué du gouvernement, en septembre 2014, Arnaud Montebourg a eu son moment de sincérité : « J'ai le sentiment d'avoir perdu mon temps », a-t-il avoué. C'est Emmanuel Macron qui a repris le flambeau, en expliquant que « le temps est révolu du capitalisme de long terme, fidèle à sa tradition colbertiste[1] ». Et pour prendre ce virage à 180°, il fallait commencer par faire le ménage. Son prédécesseur avait identifié

---
1. *Le Monde* du 24 avril 2015.

... Et quand ils gouvernent, c'est encore pire

« trente-quatre priorités nationales » pour faire redémarrer l'industrie et le *made in France*. Sitôt installé, Macron les a réduites à neuf. Pourquoi ? Certaines d'entre elles étaient « redondantes »... La réplique de Montebourg ne s'est pas fait attendre : « En matière d'innovation, réduire les ambitions me paraît toujours une erreur »...

Et en matière de communication ?

24

Le TGV pour tous

Le 26 septembre 2015, Alain Vidalies, secrétaire d'État aux Transports et élu des Landes depuis trente-six ans, participe à la fête de la Rose de Soustons, sur ses terres. Il y a là Henri Emmanuelli, l'homme fort du département, et Alain Rousset, président de la région Aquitaine. Entre les discours et le banquet républicain, il a une bonne nouvelle à annoncer : la poursuite de la réalisation de deux nouvelles lignes TGV : Bordeaux-Toulouse et Bordeaux-Dax. Il appelle cela un « hasard du calendrier ». C'est un bel euphémisme pour éviter les mots qui fâchent comme celui de clientélisme.

C'est aussi une vraie surprise : la commission d'enquête publique – fait rarissime – a rendu un avis négatif quant à la construction de ces deux lignes ferroviaires. De surcroît, une consultation citoyenne de quatorze mille personnes s'est prononcée à 90 % contre. Pourquoi tant de réticences, de la part des experts comme de celle des citoyens ? Parce que ces lignes, outre leur coût faramineux – 100 millions d'euros par minute gagnée sur Bordeaux-Toulouse –, traversent le vignoble de Sauternes et menacent l'ensemble de son écosystème, irrigué par les nombreux affluents de la

... Et quand ils gouvernent, c'est encore pire

vallée du Ciron, frappée de plein fouet par le tracé. Sans parler de la forêt de hêtres millénaires qui va se trouver saccagée.

Coût prévisionnel de ces deux projets : plus de 9 milliards d'euros, qui ne feront que croître et se multiplier si l'on se réfère aux dépassements habituels de budgets. Le fait qu'il soit en situation de conflit d'intérêt, comme ministre et comme régional de l'étape, ne semble pas frapper l'excellent Vidalies.

Son raisonnement ne s'encombre pas de subtilités : la gare TGV est un élément de prestige pour tout élu qui se respecte et qui sait savourer ce moment exquis où il va annoncer à ses électeurs que le train à grande vitesse passera par chez lui. Une faiblesse bien humaine, mais qui n'est découragée par personne en haut lieu. Son annonce intempestive, à la fête de la Rose de Soustons, n'a fait l'objet d'aucun démenti ni même d'un simple recadrage. Alors, pourquoi se gêner ? C'est le contribuable qui paie, au rythme de 13 milliards d'euros par an, dont une partie a l'avantage de ne pas être comptabilisée dans le déficit public[1].

Les présidents de la République et les Premiers ministres ne sont pas les moins désinvoltes. En mars 2004, alors que se profilent des élections régionales et cantonales, Jean-Pierre Raffarin ranime un vieux serpent de mer : le TGV entre Poitiers et

---

1. L'État contribue pour environ 3 milliards d'euros chaque année au fonctionnement du système ferroviaire et pour 3,3 milliards au financement des régimes spéciaux de retraite de la SNCF. Le reste provient des collectivités régionales et pour une faible part (0,5 milliard) de l'Union européenne. Source : rapport de la Cour des comptes, « La grande vitesse ferroviaire : un modèle porté au-delà de sa pertinence », 23 octobre 2014.

Le TGV pour tous

Limoges. Un dossier qu'il connaît bien pour être depuis toujours implanté politiquement dans la région Poitou-Charentes. « Ce projet nouveau, déplore la Cour des comptes, n'avait fait l'objet d'aucune réflexion préalable et ne s'appuyait pas sur une définition des besoins de mobilité des habitants des régions concernées. »

En 2009, c'est Nicolas Sarkozy qui fait des siennes. Le président de la République annonce, à l'occasion de la présentation du projet du Grand Paris, une liaison ferroviaire rapide entre Paris et Deauville. Ce qu'il oublie de préciser, c'est le coût de l'opération : près de 15 milliards d'euros pour se rendre à la plage plus vite ! Est-ce en CM1 ou en CM2 que l'on apprend que la grande vitesse n'a de sens que sur une longue distance ?

Mais le paroxysme est atteint avec François Hollande et son gouvernement, début 2015. Peu de temps auparavant, la Cour des comptes a publié son rapport sur le TGV, qui se montre particulièrement critique sur le projet de tronçon Poitiers-Limoges, choisi à plusieurs reprises au fil du texte comme l'archétype de ce qu'il ne faut pas faire : « Un projet non prioritaire et non financé, mais poursuivi avec vigueur » est une des nombreuses critiques émises, en gras, dans ce document, qui précise que la ligne « ne pourra pas fonctionner sans une subvention qui pourrait aller jusqu'à 80 % ».

Le Conseil d'État a quant à lui rejeté la Déclaration d'utilité publique (DUP) pour des raisons similaires : l'absence de rentabilité. Que deux des plus hautes autorités de la République sifflent la fin des délires n'impressionne nullement le pouvoir, qui s'assied confortablement sur ces recommandations. Une nouvelle Déclaration d'utilité publique est publiée au *Journal officiel* le 11 janvier 2015. Elle est signée par Manuel Valls, Ségolène Royal et l'inévitable Alain Vidalies. Mais c'est François Hollande qui a toutes les raisons de se réjouir de ce passage en force : la LGV Poitiers-Limoges desservira aussi Brive-la-Gaillarde, capitale d'un département qui lui est cher puisqu'il a présidé son conseil général de mars 2008 à mai 2012, date de son accession à l'Élysée.

Les barons à la manœuvre

Puisque l'exemple vient d'en haut, pourquoi se gêner quand on est maire ou président de conseil départemental ? Des dizaines de barons locaux n'ont pas éprouvé la moindre culpabilité devant le gaspillage d'argent public lorsqu'ils ont fait les pieds au mur pour avoir leur gare TGV. Au total, la France en compte deux cent trente, et ce n'est pas fini. Une grande partie d'entre elles accueillent des rames qui ne roulent pas à grande vitesse pour venir jusqu'à elles, puisque ces trains coûteux passent 40 % de leur temps à circuler sur des lignes classiques.

Le TGV-Est, qui relie Paris à Strasbourg et, au-delà, aux métropoles allemandes, est ainsi devenu une usine à gaz avant même d'avoir commencé à circuler. Le financement de la première phase de travaux associe pas moins de dix-sept collectivités territoriales, et celui de la seconde quinze, auxquelles il convient d'ajouter le bailleur de fonds principal, l'État. Quand la ville de Reims, par exemple, réalise qu'elle va être écartée, ses élus consacrent tout l'argent et toute l'énergie possibles à changer le tracé.

Le TGV pour tous

Un peu plus loin de Paris, il est prévu d'implanter une gare entre Nancy et Metz, les deux rivales, afin de ne pas faire de jalouse et d'obtenir le chemin le plus direct possible jusqu'à Strasbourg. Mais les départements de Moselle et de Meurthe-et-Moselle n'ont pas réussi à se mettre d'accord sur le lieu d'implantation. Une gare a d'abord été construite en Moselle, à Cheminot-Louvigny, loin de toute interconnexion avec d'autres transports en commun, puisque cet arrêt n'est accessible que depuis l'autoroute. Son édification a coûté la bagatelle de 62,6 millions d'euros, tandis que les navettes d'autocars mises en place pour la desservir affichent un déficit de plus de 700 000 euros par an[1]. Mais cela n'a pas empêché le développement, en Meurthe-et-Moselle, d'une autre gare TGV, celle de Vandières, située à moins de 20 kilomètres de Cheminot-Louvigny. Desservie par des trains à destination de Metz, de Nancy et de Luxembourg, elle a dû subir des transformations pour recevoir des TGV. Celles-ci sont estimées à près de 90 millions d'euros…

Ensuite, le TGV-Est serpente de ville en ville, à la manière d'un cirque ambulant, en moins drôle… Pas moins de dix-sept communes ont voulu que la ligne à grande vitesse passe par chez elles, au prix d'aménagements coûteux. Ainsi, le détour par Commercy, dans la Meuse, coûtait plus de 400 000 euros par an pour une moyenne quotidienne de… dix voyageurs en 2009. Quand ni la SNCF ni les collectivités locales n'ont plus voulu financer ce caprice, la desserte a purement et simplement fermé en avril 2010.

---

1. Cour des comptes, rapport public annuel 2013.

... Et quand ils gouvernent, c'est encore pire

Les TGM du TGV

Les TGM, ce sont les très grands mensonges que chacun, au sein de l'oligarchie française, feint de croire. Les gouvernements successifs sont trop contents d'apparaître comme entreprenants en donnant leur feu vert pour ouvrir de nouvelles lignes tout en faisant plaisir à une poignée d'élus locaux. Ceux-ci bombent le torse devant leurs électeurs comme s'ils venaient de remporter une victoire majeure qui va changer leur vie. Les dirigeants de la SNCF apparaissent comme les *dei ex machina* de l'aménagement du territoire, les modernisateurs de la France, les fers de lance du service public.

Alors, bien entendu, tout ce contentement vaut bien quelques arrangements avec la réalité. Cela conduit, selon la Cour des comptes, à une « valorisation excessive du gain de temps » dû au TGV. Mais c'est là un tout petit mensonge comparé aux prévisions de rentabilité des futures lignes à grande vitesse. Celles-ci versent invariablement dans l'optimisme caricatural, et sont démenties par les faits sans que personne ne semble s'en émouvoir ni en tirer les leçons pour la fois suivante. L'exemple le plus saisissant est celui de la LGV Nord qui relie Paris à la frontière belge et au tunnel sous la Manche, dont la rentabilité prévisionnelle s'élevait à 12,9 %, alors qu'elle n'atteint en réalité que... 3 %.

Le gouffre n'est pas une fatalité

Il est vrai que le TGV pour tous est surtout celui de quelques-uns. De ceux qui peuvent l'emprunter gratuitement, ce qui n'est pas un mince privilège quand on connaît les tarifs prohibitifs qu'applique la SNCF : 122 euros en seconde classe pour un aller-retour Paris-Le Mans, deux villes éloignées de 200 kilomètres. Paris-Lille, soit 225 kilomètres de distance ? C'est 134 euros pour un aller-retour. Mais le vrai cauchemar financier, c'est de voyager entre deux villes de province. Rennes-Lille aller-retour ? 257 euros !

Mais plus d'un million de personnes n'ont que faire de ces prix décourageants. Ce sont les agents de la SNCF et leurs familles élargies : enfants, conjoints et concubins, parents, grands-parents et même arrière-grands-parents… Tout ce petit monde, au total 1,1 million de personnes dont 15 % seulement travaillent à la SNCF, bénéficie de ce que la SNCF appelle pudiquement des « facilités de circulation ». Dans son rapport public annuel de 2014, la Cour des comptes évalue leur coût pour la collectivité à 100 millions d'euros par an. Quelques jours après cette publication, la SNCF annonçait un déficit de 180 millions d'euros. Cherchez l'erreur…

Comment, d'ailleurs, le président de la SNCF, Guillaume Pépy, pourrait-il trouver à redire à ces menus avantages, quand lui-même ne recule devant aucune dépense pour agrémenter son image et câliner ses managers ? Depuis son accession à la présidence, en 2008, il fait appel à la société Giacometti Péron & Associés pour l'assister dans sa stratégie de communication. Giacometti comme Pierre Giacometti, le conseiller de Nicolas Sarkozy, mis en examen pour n'avoir pas respecté les règles de mise en concurrence par appel d'offres. Cette affaire, dite des sondages de l'Élysée, a fait couler beaucoup d'encre tandis que celle de la SNCF n'a intéressé

... Et quand ils gouvernent, c'est encore pire

personne. Pourtant, entre 2008 et 2012, la direction de la SNCF a sciemment fractionné les marchés passés avec la société de Pierre Giacometti afin d'échapper aux exigences de mise en concurrence. Au total, 5 millions d'euros d'honoraires ont été versés sans le moindre contrôle[1].

De la même manière, la direction ne se montre pas regardante quand il s'agit de faire prendre l'air aux « managers opérationnels ». En septembre 2011, ils sont plus de six cents à débarquer à Tanger pour un séminaire de quatre jours. Coût de l'opération : 2,7 millions d'euros, soit 4 289 euros par personne, hors achat des six cent cinquante tablettes numériques offertes aux participants. Un montant très éloigné des 300 euros par jour et par personne considérés en interne comme un plafond.

À cette aune-là, pourquoi ne pas multiplier les gares TGV et faire serpenter ces trains ultra-performants dans la campagne française pour le plus grand plaisir des élus locaux et nationaux ? Après tout, c'est le contribuable qui paie !

Le boulet financier d'un train à grande vitesse[2] n'est pourtant pas une fatalité. Les magistrats de la Cour des comptes se sont intéressés, dans leur rapport publié fin 2014, au frère aîné du TGV, le Tokaido Shinkansen, mis en service dès 1964 au Japon. Là où le TGV dessert deux cent trente destinations, son homologue nippon n'a que dix-sept points d'arrêt alors qu'il transporte 50 % de voyageurs de plus. Enfin, selon les évaluations les plus fiables… La SNCF refuse en effet de commu-

---

1. Cour des comptes, rapport public annuel 2013, février 2013.
2. En 2014, le réseau TGV français était long de 2 036 kilomètres pour un coût de développement supérieur à 23 milliards d'euros.

niquer, y compris à son unique actionnaire, l'État, les chiffres de fréquentation de ses lignes au nom du « secret des affaires ». Un secret bien commode pour tout le monde !

25

C'est pas moi, m'dame !

Il y a près de trente ans, quelques journalistes et hommes politiques qui passaient l'essentiel de leur temps dans les couloirs de l'Assemblée nationale et du Sénat ont créé le prix de l'humour politique. Chaque année, ils décernent cette récompense à un député ou à un ministre qui s'est donné un peu de mal lors d'une interview. La petite phrase primée est tantôt cruelle, tantôt désopilante. Parfois, c'est aussi une gaffe qui distingue son auteur. Le jury se réunit une fois par an et le résultat fait l'objet d'une brève le lendemain dans les journaux. En 2014, trois personnalités ont été récompensées. « En politique, on n'est jamais fini. Regardez-moi ! » (Alain Juppé). « Je crois à un retour de Nicolas Sarkozy... mais menotté » (Arnaud Montebourg) et « au centre, on n'est pas chargé d'être la roue de secours du *Titanic* » (Hervé Morin).

Pour occuper ses mercredis après-midi à l'Assemblée nationale, ce jury un peu potache aurait pu créer un second prix, celui du plus beau mot d'excuse. En 2013, ils l'auraient décerné à Jérôme Cahuzac, le malheureux fraudeur fiscal qui a dit : « J'ai été pris dans une spirale du mensonge. Qui n'a pas de part d'ombre ? » En 2014, Thomas Thévenoud, le secrétaire d'État qui ne déclare pas

C'est pas moi, m'dame !

ses impôts pour cause de « phobie administrative » mais continue de siéger comme député, aurait forcément gagné haut la main. En 2015, Manuel Valls et son voyage à Berlin – en compagnie de ses deux fils – à la rencontre d'Angela Merkel dans un stade de foot plein à craquer pour « une réunion importante » aurait été un finaliste de choix.

Dix milliards en héritage

Si personne n'a finalement créé ce prix du mot d'excuse, c'est qu'il y aurait trop de candidats. Les ministres savent en effet toujours pourquoi ils échouent à faire baisser le chômage ou à contenir les déficits : c'est de la faute des autres, en général du gouvernement précédent. Lorsque Pierre Moscovici avait évoqué le « ras-le-bol fiscal » alors qu'il était à Bercy depuis presque deux ans et qu'il n'était pas pour rien dans la hausse des impôts, il avait évidemment accompagné son éclair de lucidité de cette justification : c'est à cause de Nicolas Sarkozy qui a laissé une montagne de dettes. « Une situation abyssale », disait celui qui, désormais commissaire européen, observe son successeur Michel Sapin à Bercy se débrouiller avec l'héritage qu'il lui a laissé.

Du coup, Michel Sapin se venge comme il peut. Le 3 mars 2015, par exemple, il est à l'Assemblée nationale. Et il s'emporte en pointant du doigt ceux qui siègent à droite : « Quand vos amis étaient au gouvernement, ils n'ont pas réformé », accuse-t-il, avant d'oser : « Le chômage n'a cessé d'exploser entre 2007 et 2012. » Ce qui, au passage est, inexact[1].

---

1. Le taux de chômage a baissé entre 2007 et 2008, puis s'est fortement accru en 2009 et 2010 à la suite de la crise financière,

... Et quand ils gouvernent, c'est encore pire

« Pas de leçons à recevoir »

Mais ce n'est pas grave : quinze jours plus tard, il récidive et s'indigne, cette fois-ci, que l'on puisse soupçonner Bercy de préparer en secret des augmentations d'impôts : « Ce n'est pas parce que ça a été fait par le passé que nous allons le refaire aujourd'hui. » Trois jours passent encore et, toujours à l'Assemblée nationale, c'est le secrétaire d'État au Budget qui se livre à cet exercice. Une élue UMP s'inquiète du coût des amendes que la Cour européenne de justice impose à la France. Christian Eckert est tout content de l'effet qu'il compte produire quand il s'avance dans l'hémicycle pour répondre à la question : « Je voudrais vous dire très calmement qu'en matière de prise en compte des positions de la Cour de justice de l'Union européenne, ce gouvernement n'a pas de leçons à recevoir... » Et le secrétaire d'État d'expliquer que la majorité précédente a, elle aussi, vu certaines de ses décisions invalidées par la Cour de justice. Il conclut en affirmant que cela a plombé les budgets suivants de... 10 milliards d'euros.

Dix milliards ? Peu importe que les sommes soient fantaisistes. Plus c'est énorme, mieux ça passe. Il y a de moins en moins de multinationales en France ? C'est la faute à la droite (Arnaud Montebourg). La mise en place de ce mécanisme est catastrophique ? Voilà du grain à moudre pour les députés UMP qui harcèlent de questions les ministres de Jean-Marc Ayrault, en oubliant au passage que l'écotaxe a été votée du temps de François Fillon. Et que répond le PS ? Eh bien, que

---

avant d'entamer un timide recul. Et il est reparti à la hausse à partir de... 2012.

C'est pas moi, m'dame !

tout est de la faute de la droite. « Nous ne sommes pas dupes de ceux qui ont, comme Bruno Le Maire ou Jean-François Copé, posé des mèches un peu partout et qui soufflent sur les braises qu'ils ont lancées. Ils agissent en pompiers pyromanes », lance David Assouline, le porte-parole du PS qui, dans sa colère, en a oublié que les députés de son propre parti ont, à l'époque, voté eux aussi l'écotaxe.

Au gouvernement comme dans l'opposition, il y a un sujet dont tout le monde aime parler, c'est de Radio France et de France Télévisions. Dans ce domaine, ce qui s'est passé pendant le mandat de Nicolas Sarkozy comme sous celui de François Hollande n'est guère flatteur, le mot est faible. En pleine disette budgétaire, le premier a supprimé la publicité sur le service public du jour au lendemain, creusant un trou de 628 millions d'euros en quatre ans[1]. Quant à François Hollande, il n'a pas vraiment de quoi se féliciter. S'il se vante d'avoir rendu le pouvoir de nomination des présidents au CSA, les épisodes « Mathieu Gallet, l'homme qui soigne la décoration de son grand bureau à Radio France » et « Delphine Ernotte, nommée, dans la plus grande opacité, à la tête de France Télévisions » ne relèvent pas vraiment le niveau. Entre Nicolas Sarkozy et François Hollande, le bilan s'apparente donc plus à un match nul qu'à autre chose. Est-ce donc un sujet sur lequel la majorité et l'opposition essayent de rester pudiques ? Pas du tout. Ils passent leur temps à s'invectiver de façon si puérile que leurs propos sont interchangeables. La

---

1. Selon le rapport d'information du Sénat n° 597 du 30 juin 2010. D'autres estimations évoquent un manque à gagner supérieur à 700 millions, telle celle de Marcel Rogemont, le rapporteur de la réforme de l'audiovisuel à l'Assemblée nationale.

... *Et quand ils gouvernent, c'est encore pire*

liste de leurs saillies est si longue qu'il serait fastidieux de les citer.

Il n'est pas un seul thème qui échappe à la technique du dédouanement permanent. L'Europe ? Nicolas Sarkozy l'a laissée dans un sale état. Le socialiste Thierry Repentin n'est pas resté très longtemps ministre des Affaires européennes mais il a pu s'en rendre compte. Il est même horrifié. En une petite année à ce poste, lui qui était jusque-là un spécialiste des questions de logement a tout compris. Il est devenu un expert des droites européennes. Sa parfaite connaissance du sujet, il la doit aux deux jours qu'il a passés à Madrid en accompagnant François Hollande au sommet franco-espagnol de novembre 2013.

Trois mois après son périple de l'autre côté des Pyrénées, voici l'analyse que Thierry Repentin livre à *L'Express* : « Nicolas Sarkozy a fait des ravages dans les relations diplomatiques de la France en Europe. Mariano Rajoy, par exemple, a beaucoup plus confiance en François Hollande qu'en lui[1]. » Le problème, pour Thierry Repentin, c'est que depuis qu'il n'est plus président de la République, Nicolas Sarkozy passe beaucoup de temps avec l'homme qui ne lui fait pas confiance. En septembre 2015, Rajoy lui a même demandé de venir faire campagne en sa faveur lors des élections régionales. L'ancien chef d'État français est donc allé expliquer aux Catalans que rompre avec l'Espagne les ferait instantanément sortir de l'Union européenne. Il n'a pas été entendu. Mais pour le remercier de sa prestation, Rajoy l'a invité à Madrid dans un petit restaurant de quartier manger une assiette d'encornets. Sans Thierry Repentin.

---

1. *L'Express*, 5 février 2014.

C'est pas moi, m'dame !

Un million chacun

Le chômage ? Vu les résultats de tous les gouvernements de gauche et de droite ces trois dernières décennies, on aurait pu imaginer que Nicolas Sarkozy et François Hollande opteraient pour la pudeur. Il n'en est rien ! François Hollande a même trouvé une calculatrice magique qui lui permet d'expliquer qu'il fait un peu moins mal que son prédécesseur. Un appareil étrange qui ne compare pas les mêmes données. En toute occasion, il évoque le chiffre d'un million de chômeurs supplémentaires pendant le quinquennat de Nicolas Sarkozy. Un million ? C'est tout à fait exact (et même 1,2 million) si l'on prend en compte l'ensemble des demandeurs d'emploi (les fameuses catégories A, B et C des statistiques mensuelles de Pôle emploi[1]). Et quand François Hollande fait son propre bilan en matière de chômage ? Il ne prend en compte que la catégorie A, soit cinq cent soixante et onze mille deux cents chômeurs supplémentaires entre mai 2012 et l'automne 2015. Un résultat évidemment flatteur puisque, en incluant les deux autres catégories, ce qu'il fait pour son prédécesseur, il atteindrait neuf cent mille demandeurs d'emploi supplémentaires. C'est-à-dire presque autant que Nicolas Sarkozy en trois ans seulement.

Le résultat, c'est qu'à force de comparer les héritages des uns et le bilan des autres la vie politique française tourne en rond. Chacun passe son temps à défaire ce que l'autre a fait. François Hollande a supprimé la défis-

---

1. La catégorie A comprend les chômeurs n'ayant exercé aucune activité sur le mois étudié. Les catégories B et C intègrent les chômeurs ayant eu une activité réduite sur la période donnée.

... Et quand ils gouvernent, c'est encore pire

calisation des heures supplémentaires et la TVA sociale ? Nicolas Sarkozy annonce déjà qu'en cas de victoire en 2017 il abrogera le mariage pour tous, la réforme territoriale, l'aménagement des rythmes scolaires et la loi Duflot sur le logement. C'est sans doute plus facile que d'avoir de nouvelles idées.

26

Députés de – trop – grande proximité

Le mardi 16 juin 2015, c'est un festival. Alors que le gouvernement s'apprête, cet après-midi-là, à engager sa responsabilité sur la loi Macron, les députés parlent des petits et grands bobos de leur circonscription. Comme toujours, ils réclament de la visibilité, de l'écoute, de la mobilisation ministérielle et bien souvent de l'argent. Ils cherchent aussi à avoir leur place sur la scène du théâtre. Et de prouver aux fanatiques de cette tranche horaire à la télévision qu'à Paris ils se battent comme des lions pour eux.

Jacques Moignard, élu du Tarn-et-Garonne, pose ainsi une question sur l'avenir de l'aviation commerciale à l'occasion du salon du Bourget 2015. Une question intéressée puisqu'il est élu tout près des installations d'Airbus non loin de Toulouse. L'élu de droite de la Mayenne, Yannick Favennec, s'intéresse aux difficultés de l'élevage porcin et surtout bovin qui touchent plusieurs de ses électeurs potentiels.

Puis c'est au tour de Véronique Massonneau, élue verte de la Vienne qui parvient à concilier ses convictions écologistes avec la nécessité clientéliste. À Coussay-les-Bois, sa terre d'élection, elle récuse les méthodes d'élevage de mille deux cents taurillons dans une ferme-

... Et quand ils gouvernent, c'est encore pire

usine. Elle répond à l'inquiétude des éleveurs de Nord-Vienne pour leur activité déjà fragile qui risque de l'être encore davantage par cette concurrence démesurée.

Thomas Thévenoud, lui, choisit de faire sa promotion personnelle. L'éphémère secrétaire d'État au Commerce extérieur se fait huer à chaque fois qu'il prend la parole dans l'hémicycle. Il profite de son temps de parole pour rappeler le rôle éminent qu'il a joué dans le dossier des taxis contre les VTC (voitures de tourisme avec chauffeur). Une manière indirecte de se faire mousser auprès de ses ouailles, en Saône-et-Loire.

Philippe Meunier déclare son émotion face aux menaces qui pèsent sur Renault Trucks et ses salariés, ciblés par un nouveau plan de licenciement. La plupart des centres de production sont installés dans la région lyonnaise, dont il est député Les Républicains. Et l'UDI Philippe Folliot ? Il n'admet pas que son département du Tarn cumule les handicaps : mauvaise couverture en téléphonie mobile, désert médical, fermetures d'usines dans le silence, enclavement autoroutier : « Paris ne nous entend plus, assure-t-il. Vivre et travailler dignement au pays, c'est tout ce qu'on demande. L'État a un rôle de régulateur, de correcteur, d'aménageur. Voici longtemps qu'il ne le joue plus. Que comptez-vous faire ? »

Tout cela en à peine une heure, alors que l'actualité nationale et internationale ne faiblit pas. Bienvenue dans l'hémicycle de l'Assemblée nationale à l'heure des questions au gouvernement ! Une fois ou deux par semaine, le gouvernement répond aux députés. La séance est retransmise à la télévision et sur internet, en direct et en différé. C'est une occasion unique, pour les cinq cent soixante-dix-sept élus, de bénéficier d'une minute et demie de célébrité. Quand l'un d'entre eux pose sa

Députés de – trop – grande proximité

question, plusieurs autres se précipitent pour s'agglutiner autour de lui, l'air de rien.

Alors qu'ils sont tous élus de la nation, beaucoup ne pensent alors qu'à leur circonscription. On ne peut pas les accabler totalement : tout le système semble aménagé ainsi, depuis la réserve parlementaire qu'ils peuvent distribuer comme de la verroterie sur leurs terres à ces séances de questions qu'il faut être fort, très fort, pour ne pas transformer en estrade locale. Pas une semaine ne passe sans qu'au milieu des « vrais sujets » se glissent des préoccupations purement clientélistes, auxquelles les ministres répondent d'ailleurs avec l'apparence du plus grand sérieux. Depuis les réformes qui ont donné plus de pouvoir au Parlement, ces dernières années, ce système, qui pouvait faire sourire, est devenu totalement anachronique.

Quelquefois même, le flux déborde, et l'on organise une séance spécialement consacrée aux doléances de proximité, qui n'intéressent personne en dehors de la circonscription concernée, et encore ! Ce jour-là, aucun député ou presque dans les travées, à l'exception, bien entendu, de ceux qui doivent intervenir. Sur le banc du gouvernement, c'est le même vide sidéral : le ministre chargé des Relations avec le Parlement est de corvée. Il a réponse à tout, parce que ses collègues, à quelques rares exceptions près, n'ont pas pris la peine de venir.

M comme Martinique et Mayenne

Les plus acharnés à défendre ainsi leur territoire, et rien que leur territoire, ce sont les députés de l'outremer. C'est à la fois assez légitime – l'éloignement géographique engendre un sentiment d'abandon – et très

... *Et quand ils gouvernent, c'est encore pire*

dommage – ils sont, comme les autres, des élus de la nation. Dans ce sport, la championne toutes catégories est Huguette Bello, députée de la Réunion. Il se passe rarement un mois sans que cette élue du Front de gauche se manifeste. Ce 16 juin 2015, elle s'inquiète pour les chômeurs de sa circonscription. Elle récidive un mois plus tard, le 15 juillet, sur le très haut débit, dans son île préférée : « Pouvons-nous compter, monsieur le ministre, sur votre soutien vigilant ? » demande-t-elle à Emmanuel Macron, le ministre de l'Économie, de l'Industrie et du Numérique. Et le 28 octobre, c'est Stéphane Le Foll qu'elle interpelle sur les retraites agricoles à la Réunion.

Chantal Berthelot défend la Guyane qui attend son pacte d'avenir. Alfred Marie-Jeanne, député de la Martinique, s'indigne de la politique du gouvernement concernant l'octroi de mer[1]. Il associe plusieurs de ses collègues à cette doléance. Bruno Nestor Azerot, député-maire divers gauche de Sainte-Marie en Martinique, plaide, quant à lui, pour un vaccin contre la dengue. « La dengue rend malade, la dengue tue », lui confirme Marisol Touraine, la ministre de la Santé, qui rappelle que ce vaccin en est pour le moment au stade expérimental.

Et quid du ramassage et du traitement des algues brunes à la Martinique et à la Guadeloupe ? Voilà un sujet d'envergure nationale ! Et le CHU de Pointe-à-Pitre ? La liste des doléances est infinie.

Les élus de la métropole ne sont pas en reste. Ce mardi 23 juin, Valérie Pécresse joue à la députée tendue vers l'intérêt général pour mieux servir sa campagne

---

1. Taxe applicable aux produits importés dans les outre-mer où elle constitue une ressource importante pour les communes.

Députés de – trop – grande proximité

pour la présidence du conseil régional d'Île-de-France. Le 30 juin, son collègue Daniel Fasquelle défend, quant à lui, les salariés de MyFerryLink, implanté dans sa circonscription du Pas-de-Calais : « Allez-vous une seconde fois, face à l'urgence et au drame, leur dire : "Nous ne pouvons rien" ? », demande-t-il aux ministres. Au même moment, les salariés en question mènent une action particulièrement musclée. Ils bloquent les ferrys en partance pour l'Angleterre et les accès au tunnel sous la Manche pour protester contre la vente de deux de leurs trois bateaux par Eurotunnel à un concurrent danois. Un député de droite qui soutient une opération de revendication musclée, laissant des milliers de passagers bloqués, voilà qui montre que le clientélisme de circonscription n'a pas de limites idéologiques !

Le 8 juillet, le député socialiste Christophe Léonard interpelle Emmanuel Macron sur le sort du groupe KME et plus particulièrement sur la fermeture d'un site dans les Ardennes, son département d'élection, avec près de trois cents salariés concernés. Gaby Charroux, député Front de gauche des Bouches-du-Rhône, associe son collègue Vincent Burroni à sa question sur la raffinerie Total de La Mède qui supprime plusieurs centaines de postes pour se transformer en unité de production de biocarburants.

Un député des Hautes-Alpes, Joël Giraud, veut élargir l'indemnisation des catastrophes naturelles depuis que la route Briançon-Grenoble est bloquée à cause d'un glissement de terrain. Laurent Degallaix et tous ses collègues élus dans les environs, le Valenciennois et la Sambre, redoutent la fermeture d'un site de production de Vallourec à Saint-Saulve.

… Et quand ils gouvernent, c'est encore pire

Pendant tout l'été 2015[1], les élus de circonscriptions rurales interpellent le gouvernement sur un sujet unique et récurrent : la crise de l'élevage, qui fait également la une de l'actualité. Sur tous les tons, sur tous les modes, les députés veulent montrer à leurs administrés, par petit écran interposé, qu'ils ne les oublient pas. Puis c'est la baisse des dotations de l'État aux collectivités territoriales qui devient à la mode.

À la rentrée, le défilé continue, sur des sujets plus variés. Le 30 septembre, Paul Giacobbi, député radical de Corse, tente d'intéresser l'hémicycle au traitement des ordures ménagères sur son île. Marc Le Fur, député breton du groupe Les Républicains, ne comprend pas que le gouvernement décide de financer des lignes TGV autour de Bordeaux. Il veut la même chose pour Rennes, Brest et Quimper : « Les six extrémités de notre Hexagone vont toutes être desservies par des lignes TGV à l'exception de l'Ouest et à l'exception de la Bretagne, s'insurge-t-il. Vous comprenez bien que cela suscite un sentiment de relégation, voire de discrimination, à l'encontre de l'Ouest breton. » La discrimination contre les Bretons, il fallait oser…

La ronde ne s'arrête jamais. Les ministres répondent, bienveillants quand la question vient de leur camp ou qu'elle est posée en termes choisis, agressifs quand elle met en cause la politique du gouvernement. Ils en reviennent alors toujours à la même contre-attaque : « Nous n'avons pas de leçons à recevoir », ou encore, grande spécialité de Michel Sapin, qui aura utilisé cette vieille ficelle pendant tout le règne : « L'état de la France en 2012 était déplorable ». Mais jamais, au grand jamais,

---

[1]. Amputé des vacances parlementaires, du 24 juillet au 14 septembre.

Députés de – trop – grande proximité

ils ne mettent en avant un argument massue : toutes ces doléances, du TGV jusqu'à Quimper au sauvetage de toutes les PME de la province française, sans parler du financement des collectivités locales, coûtent cher, très cher. Et la France n'a plus les moyens. Mais s'il ne s'agissait que d'argent... La réalité, c'est que personne n'ose dire publiquement qu'il s'agit d'une pièce de théâtre : évidemment, ce n'est pas en quelques minutes qu'un dossier va avancer. Ils sont rares ceux qui comme René Dosière, vieux routier de l'Assemblée, refusent de jouer les utilités : « Ça ne sert à rien. Et je pense que les Français ne sont plus dupes. D'ailleurs moi-même, je n'y vais plus. Lors de ces questions, je suis dans mon bureau pour travailler sérieusement. »

27

Les autistes sont au pouvoir

C'est plus fort que lui. À chaque fois qu'il voit François Hollande, Didier Migaud, le premier président de la Cour des comptes, réitère à l'oral les mises en garde contenues dans les rapports publiés par l'institution qu'il dirige. Cet ancien député socialiste, qui fut longtemps président de la commission des Finances à l'Assemblée nationale, connaît bien le Président : ils ont siégé ensemble, pendant des années, dans l'hémicycle. Il peut donc se permettre de lui rappeler les principales recommandations énoncées pour éviter que la France aille dans le mur : ne pas laisser filer les dépenses publiques, contrôler la masse salariale des fonctionnaires, arrêter de naviguer dans le sens du vent, bref, prendre les décisions qui s'imposent, trancher, gouverner.

Mais la réponse qu'il entend à chaque fois, et qu'il raconte d'un ton dépité à son entourage quand il est de retour de l'Élysée, est désespérante. Non pas que le chef de l'État le prenne de haut, non, au contraire. Il s'excuse presque : « Tu as raison, mais tu sais, Didier, on fait attention… » « Faire attention », c'est le degré zéro de la politique. Cette manière de s'exprimer permet surtout au chef de l'État de minimiser et de penser à autre chose dès que son interlocuteur a tourné les talons.

Les autistes sont au pouvoir

La situation est d'autant plus pittoresque qu'avant de nommer Didier Migaud à la tête de la Cour des comptes en février 2010, Nicolas Sarkozy, dans le cadre de sa politique d'ouverture à gauche, avait proposé le poste à... François Hollande. Celui-ci avait refusé, on comprend aisément pourquoi.

Pourtant, le président de la République n'a pas toujours méprisé cette haute juridiction. Il l'a même trouvée, un moment, très pratique. À la sortie de l'ENA, son classement lui permettait de prétendre à l'inspection des Finances, le corps le plus prestigieux, celui de Giscard et de Rocard, de Minc et de Messier. Mais il a préféré laisser sa place au suivant, son ami devenu son secrétaire général à l'Élysée, Jean-Pierre Jouyet : trop prenant, l'inspection, pour faire de la politique. Alors que la Cour des comptes, le jeune énarque voyait cela comme un petit boulot peinard.

C'est d'ailleurs ce qu'il explique avec un cynisme stupéfiant, alors qu'il vient d'être élu à l'Assemblée nationale, dans une émission de télévision sur les privilèges diffusée en 1989[1] : « Si je n'étais plus député, je redeviendrais conseiller référendaire à la Cour des comptes. Qu'est-ce que ça veut dire ? Ça veut dire que si je ne faisais absolument rien à la Cour des comptes, je continuerais à gagner 15 000 francs par mois, 25 000 si je faisais des rapports mais sans forcément en faire énormément. Je pourrais doser mon travail, rester chez moi quand je suis fatigué, aller à la Cour des comptes dans mon bureau pour passer des coups de téléphone. Bref, je serais totalement libre, je serais un vrai privilégié. »

Évidemment, avec cette vision de son corps d'origine, le Président n'a pas de raison de prendre très

---

1. *Édition spéciale*, Antenne 2, 5 janvier 1989.

... Et quand ils gouvernent, c'est encore pire

au sérieux les rapports qu'elle publie. Il a tort. Car la grande majorité des magistrats qui y travaillent n'y voient pas une simple « mangeoire » utile en cas de revers électoral. Ils ne restent pas chez eux quand ils sont fatigués et ne « dosent » pas leur travail. Non, ils considèrent leur mission avec respect et la remplissent avec conviction.

Ils prêchent dans le désert

Ainsi, chaque année, la Cour des comptes publie un rapport très documenté sur la situation des finances publiques. En 2013, celui-ci dénonce pour l'année passée « une situation plus dégradée que dans les autres pays européens » : un déficit public de 4,8 % du PIB contre 3,7 % en moyenne dans la zone euro. Et d'ajouter : « Le retour du déficit effectif à 2,9 % du PIB en 2014 repose sur des hypothèses de croissance et d'évolution des recettes publiques trop favorables. »

En 2014, nouveau coup de semonce : « La France ne se situe plus sur la trajectoire qu'elle s'est fixée elle-même par la loi de programmation des finances publiques, adoptée il y a seulement un an et demi, fin 2012 », déplore Didier Migaud en juin, au moment de la remise du rapport.

En 2015, le premier président de la Cour se félicite de la réduction plus rapide que prévu du déficit budgétaire, mais précise que cela s'est « fait au prix d'opérations contestables, notamment des débudgétisations et des reports de charges sur 2015 ». Bref, le gouvernement a un peu trafiqué la comptabilité nationale pour parvenir à ce résultat. Il souligne aussi, comme chaque année désormais, que les comptes publics hexagonaux « restent plus déséquilibrés que dans la moyenne européenne » et que la réduction des déficits a été effectuée majoritairement par une hausse de la fiscalité, ce qui n'est pas le cas dans les pays voisins, où les gouvernements se sont attaqués plus frontalement aux dépenses de l'État.

Enfin, en termes très diplomatiques, il se montre extrêmement dubitatif sur le retour à un déficit inférieur à 3 % du PIB pour la fin 2016. Cela suppose « la réalisation d'un programme d'économies d'environ 14,5 milliards d'euros par an, qui sont toutefois peu documentées à ce jour ». Une conséquence de l'absence de choix tranchés qui caractérise la stratégie de l'exécutif. Les autres pays européens ont revu « parfois en profondeur les contours de l'action publique alors que la France s'est trop souvent contentée de comprimer de manière peu différenciée les dépenses ». Mais tout cela n'est pas grave, puisque François Hollande « fait attention »...

En septembre, c'est au tour de la Sécurité sociale d'être scrutée par la Cour des comptes. Marisol Touraine, la ministre des Affaires sociales, n'a pas de mots assez satisfaits pour évoquer la diminution du célèbre « trou de la Sécu ». Il n'y a pourtant pas de quoi pavoiser, puisque la réduction s'élève à 700 millions d'euros sur près de 13 milliards de déficit ! Et encore, remarque la Cour, seulement grâce à l'augmentation des ressources, pas à la diminution des dépenses.

Ce dérapage permanent n'est nullement une fatalité, mais le résultat d'un clientélisme d'État pratiqué au plus haut niveau, à droite comme à gauche. Un exemple ? Depuis le début des années 2000, il est question de lier le conventionnement d'un médecin, autrement dit le remboursement de ses actes par la collectivité, à son lieu d'installation : s'il veut exercer dans les Alpes-

Maritimes, en surpopulation médicale, alors que l'Orne ou la Haute-Loire sont des déserts, libre à lui, mais pas aux frais de la collectivité. Ce n'est pas une ministre de droite, mais Martine Aubry qui s'est opposée à cette mesure de bon sens. Pourquoi ? Afin de ne froisser personne. Il est vrai que les médecins voient de nombreux patients chaque jour, auxquels ils peuvent dévoiler leur façon de penser sur le gouvernement... Depuis, il ne s'est rien passé sur ce front.

En 2015, la Cour des comptes choisit de cibler les infirmiers et kinésithérapeutes libéraux, qui ont facturé respectivement 6,6 et 4,3 % d'actes en plus entre 2013 et 2014. La Cour des comptes rappelle la solution, bien connue depuis des années : le conventionnement sélectif en fonction du lieu d'installation. Mais personne ne veut en entendre parler au ministère de la Santé. Et comme cette volonté farouche de ne rien voir et ne rien entendre, qui se répète année après année, commence à énerver les magistrats, la Cour oublie un instant sa prudence langagière pour dire la vérité crue : « L'objectif affiché de retour à l'équilibre des comptes en 2017 est désormais reporté à un horizon indéfini. » Marisol Touraine a détourné le regard : pas un mot n'est sorti de sa bouche pour réagir à ce constat.

Pas touche aux fonctionnaires !

Depuis plusieurs années, la Cour des comptes donne aussi l'alerte sur l'augmentation de la masse salariale des fonctionnaires. En 2013, puis en 2014, l'institution regrette l'abandon de la règle du non-remplacement d'un fonctionnaire sur deux partant à la retraite instaurée par Nicolas Sarkozy et abandonnée par François Hollande. Elle souligne la nécessité de supprimer dix mille postes par an dans l'administration. Marylise Lebranchu, la ministre de la Fonction publique, prend la mouche immédiatement. Jeudi 5 mars 2015, elle est à l'antenne de RMC et de BFMTV pour annoncer... que la masse salariale des fonctionnaires – 13 % de la richesse nationale – ne diminuera pas en 2015. Une manière elliptique de reconnaître que donc elle augmentera. Pourquoi ? « On ne veut pas supprimer les infirmières, on ne veut pas supprimer les enseignants, ni la police, ni la gendarmerie. »

Mais il n'y a pas que des personnels soignants, des professeurs, des policiers et des gendarmes payés avec l'argent du contribuable ! De plus, la ministre le dit aussi devant les caméras, elle est lasse d'entendre que les fonctionnaires travaillent moins. Ils font mille six cent sept heures par an, précise-t-elle. Marylise Lebranchu ne peut pourtant ignorer que c'est inexact. Mille six cent sept heures, c'est la durée théorique du travail des fonctionnaires chaque année, pas la durée effective. Elle est d'ailleurs une nouvelle fois démentie quelques mois plus tard, quand Didier Migaud présente un nouveau rapport sur « les leviers de maîtrise de la masse salariale ». « Les agents du secteur public travailleraient en moyenne une centaine d'heures de moins par an que ceux du secteur privé[1] », dit-il. Mais la ministre n'entend pas.

Ses prédécesseurs souffraient apparemment du même mal. En 2011 déjà, l'OCDE faisait l'observation suivante : « La durée moyenne du travail dans la fonction publique [place] la France parmi les pays dont la moyenne d'heures travaillées dans le secteur public est la plus faible. » Ni François Baroin ni François Sauvadet,

---

1. Le 10 septembre 2015.

... Et quand ils gouvernent, c'est encore pire

chargés de la Fonction publique du temps du gouvernement Fillon, ne s'en sont jamais émus.

Et en 2016, Marylise Lebranchu doit être bien contente, car le nombre de fonctionnaires d'État va carrément augmenter. Non plus seulement la masse salariale, dopée par les primes, qui sont passées de 10 à 30 % de la rémunération en trente ans, mais le nombre d'agents. Le budget en prévoit huit mille trois cents supplémentaires, pour une cause on ne peut plus consensuelle : la lutte contre le terrorisme. Ainsi, au lieu de perdre trois mille cinq cents postes, le ministère de la Défense en gagne deux mille trois cents. Mais n'était-il pas possible, pour compenser, d'en annuler ailleurs ?

Surtout, cet alibi sécuritaire se révèle mensonger. En effet, la Cour des comptes, encore elle, rend ce verdict implacable : « La masse salariale de l'État a été quasiment stabilisée de 2011 à 2013, puis elle est repartie à la hausse en 2014 du fait de la fin des économies liées à la baisse des effectifs. » En 2014, donc avant même les attentats de janvier 2015...

28

La démocratie verrouillée

L'un est de droite, l'autre de gauche. L'un est un nouveau venu en politique, l'autre a été élu pour la première fois en 1977. L'un est chef d'entreprise, l'autre a enseigné l'histoire-géographie. Ils n'ont, a priori, rien de commun. Sauf qu'ils ont tous les deux dû se battre pour ne pas être écrasés par un système bien décidé à les mettre hors d'état de nuire. De nuire à qui ? Pas au pays, non, mais aux intérêts du pouvoir en place, des appareils et de ceux qui en vivent depuis tant d'années. Pour que tout puisse durer jusqu'en 2017 et au-delà, il faut que deux règles soient respectées : pas de nouveau venu en politique qui ne soit préalablement agréé par le système ; pas de cavalier seul qui critique et remet en cause l'ordre établi au sein de l'oligarchie politique.

L'Élysée de Sarkozy d'un côté, le PS de l'autre, ont déployé des trésors d'énergie – et de malveillance ! – pour écarter ces deux gêneurs qui incarnent tout ce qu'ils ne supportent pas : l'indépendance d'esprit ; le courage de s'opposer aux diktats des appareils. Et puis, détail qui n'en est peut-être pas un... le travail. Le système politique, crispé sur ses pratiques antédiluviennes, rejette maintenant d'emblée ces personnages.

... Et quand ils gouvernent, c'est encore pire

Plus d'un à leur place aurait été dégoûté et aurait renoncé. Pas eux. Parce qu'ils ont gagné contre beaucoup plus fort qu'eux, ils acceptent de raconter leur histoire, tandis que dans l'ombre beaucoup d'autres se taisent, défaits et inquiets. La combinaison d'énergie, de courage, de détermination et de chance qui les a conduits à résister n'est pas donnée à tout le monde.

C'est pour cette raison que la démocratie, en France, est devenue une chasse gardée. Les électeurs ont bien le droit de se rendre aux urnes, mais pas de voter pour n'importe qui. La caste a placé des barrières invisibles pour se protéger.

Même pas peur de Sarkozy

Jean-Christophe Fromantin, diplômé d'une école de commerce, a créé une entreprise spécialisée dans le conseil pour l'import-export. Il dirige des équipes de plusieurs dizaines de personnes. Ce marathonien qui habite Neuilly-sur-Seine et passe la moitié de sa vie en mission à l'étranger n'a pas le temps de s'ennuyer. La politique ne l'intéresse pas vraiment jusqu'à ce jour de mai 2007 où il est à Istanbul. Nicolas Sarkozy vient de s'installer à l'Élysée et les législatives se profilent. La fille aînée de Jean-Christophe Fromantin lui téléphone : elle vote pour la première fois et elle est perplexe. Elle demande donc conseil : qui choisir ? Et là, son père ne sait quoi répondre.

La candidate investie par l'UMP dans leur circonscription des Hauts-de-Seine est la maire de Puteaux, Joëlle Ceccaldi-Raynaud. Une héritière politique qui a succédé à son père, Charles. Son parcours la situe aux antipodes du discours de campagne du candidat Sarkozy, fondé

La démocratie verrouillée

sur des valeurs telles que le mérite et le travail, valeurs que le Président lui-même oubliera vite pour tenter de nommer à la tête du quartier d'affaires de La Défense son fils Jean qui se traîne alors péniblement en deuxième année de droit. Joëlle Ceccaldi-Raynaud, pour sa part, ne s'est pas encore fait prendre en train de rapatrier des lingots d'or et des liasses d'argent liquide du Luxembourg vers la France.

Cette conversation téléphonique avec sa fille fait à Jean-Christophe Fromantin l'effet d'un électrochoc. Impossible de voter pour cette femme. Impossible aussi de ne pas voter. Alors, quoi faire ? Il opte pour une solution radicale : se présenter aux législatives, sans réseau, sans expérience politique, sans soutien institutionnel. Le mercredi qui suit son retour de Turquie, dernier jour de dépôt des candidatures, il téléphone à son voisin de palier : « Tu ne veux pas être mon suppléant ? » La campagne est courte, mais éprouvante. Le chef d'entreprise, sans étiquette et égaré en politique, remporte près de 15 % des suffrages, un score exceptionnel. Il est heureux de cette expérience mais il se répète en boucle la même phrase : plus jamais ça ! Trop épuisant, trop coûteux, trop vain.

Il ne tient même pas six mois. Fin septembre 2007, il est candidat aux cantonales. Mais surtout, quelques jours après le scrutin, David Martinon, porte-parole de l'Élysée, est désigné par Nicolas Sarkozy comme candidat à la mairie de Neuilly, fief du nouveau Président pendant vingt ans. Dans son premier discours de campagne, Martinon explique qu'il est en contact direct avec le chef de l'État. Évidemment, il travaille avec lui. C'est là son seul argument : pas de programme, pas de convictions, pas d'ancrage local, seulement la ligne directe avec Dieu. Ce plaidoyer *pro domo* ne fait pas recette auprès des électeurs.

C'est là que la grande aventure commence. Quand Jean-Christophe Fromantin annonce sa candidature, l'Élysée s'amuse. Mais au moment où, en février 2008, l'intrus bat Martinon dans les sondages, sa vie commence à ressembler à un voyage dans un train fantôme emballé.

Nicolas Sarkozy le convoque. Le chef de l'État le reçoit dans son bureau, tout sourire. Il félicite son ancien administré pour son « beau parcours » et lui explique qu'il est prêt à le soutenir, mais à deux conditions : qu'il adhère à l'UMP, et surtout qu'il prenne sur sa liste sept personnes qui figuraient sur celle de David Martinon, dont bien entendu son fils Jean. Son invité le remercie mais lui explique que c'est impossible.

Le ton présidentiel change alors du tout au tout. Nicolas Sarkozy crie, s'emporte, sous le regard résigné de son secrétaire général Claude Guéant. Quand Fromantin lui lance un : « Ne vous énervez pas », sa colère redouble, évidemment. Mais son « invité » lui dit et lui répète qu'il n'a pas peur de perdre, qu'il a un autre métier, une autre vie que la politique. Au bout d'une heure, Nicolas Sarkozy renonce mais ne peut masquer sa stupéfaction : ce moustique lui résiste !

Durant les deux mois de campagne qui séparent le candidat de l'élection, les ennuis pleuvent. Sur internet, on peut voir l'épouse de Jean-Christophe Fromantin en compagnie de Marine Le Pen. C'est un photomontage grossier mais cela fait jaser dans une ville qui compte trois mille adhérents UMP pour soixante mille habitants.

Puis la rumeur court que le candidat divers droite est antisémite. La preuve : il envisage de faire construire une mosquée en plein centre ville. Pour accréditer cette contre-vérité, un homme-sandwich déguisé en fondamentaliste musulman distribue des tracts en sa faveur sur les grandes artères de Neuilly.

Ses qualités de bon gestionnaire sont également mises en doute. Un – faux – rapport de commissaire aux comptes circule sous le manteau, qui laisse penser que sa société est en faillite. Pour couper court, le chef d'entreprise donne une conférence de presse avec son commissaire aux comptes.

Il est finalement élu maire de Neuilly avec plus de 61 % des suffrages. Puis député en juin 2012.

Dans son spacieux bureau de la mairie, Jean-Christophe Fromantin ne se considère toujours pas comme un politique. Un jour, il le sait, il fera autre chose. Mais ils ne sont pas nombreux de son espèce : « Il est possible de faire des économies partout, assure-t-il. Mais les élus sont là pour assurer leur propre avenir, donc leur réélection. Ils misent sur un cheval, espèrent qu'il va gagner pour pouvoir devenir ministres. Pas question donc d'exprimer la moindre opinion personnelle, sans même parler de conviction. »

Le camarade qui dérange

René Dosière est aussi rond que Jean-Christophe Fromantin arbore une silhouette de sportif accompli. Et il a vingt ans de plus. Originaire de l'Aisne, il est élu pour la première fois en 1977, comme maire adjoint de Laon. Dès le début, les étoiles du parti ne sont pas alignées pour lui. Il appartient à la « deuxième gauche », réformiste et rocardienne, quand la fédération de l'Aisne est tenue par des doctrinaires. Les apparatchiks le détestent.

... Et quand ils gouvernent, c'est encore pire

Mais bientôt, cet agacement monte à l'échelon national. René Dosière est élu député de l'Aisne en 1988. Battu en 1993, il revient en 1995 et commence à s'intéresser à des sujets délicats : l'argent caché de l'Élysée, le train de vie de l'État... Il bombarde l'exécutif de questions écrites très précises auxquelles, au début, personne ne répond. Mais il insiste. Autant de signes de mauvaise éducation ! La riposte ne se fait pas attendre. En 2006, la fédération ne le désigne pas à sa propre succession. C'est plus que rare, c'est exceptionnel. L'affaire remonte à la rue de Solférino, où rien ne se passe.

René Dosière décide alors de se présenter quand même aux législatives de 2007, ce que personne ne peut lui interdire. Mais il est exclu du PS. Les journalistes interrogent le premier secrétaire, un certain François Hollande, qui se contente de répondre : « On applique la règle, c'est tout. »

Le futur Président ne réalise pas tout de suite qu'il fait une fleur à Dosière. Faire campagne libre de toute investiture représente, en vérité, un atout considérable. À l'issue du premier tour, son adversaire socialiste totalise un nombre de suffrages trop faible pour se maintenir. Et le rebelle réalise le meilleur score de son histoire.

Traditionnellement, à l'ouverture d'une nouvelle législature, tous les députés d'une même tendance politique se réunissent dans l'appartement du questeur de leur groupe. Un appartement de fonction qui rend la vie bien douce et les grandes réceptions faciles à organiser. François Hollande est présent. Il prend René Dosière par le bras et lui dit : « Bon, René, maintenant, on oublie tout et on travaille ensemble. » Encore une promesse qui ne sera pas tenue...

La démocratie verrouillée

René Dosière ne retourne pas au bercail mais siège au groupe socialiste comme apparenté. Il redémarre en fanfare son travail sur le train de vie de l'Élysée avec l'affaire de la carte bancaire que Cécilia Sarkozy utilisait, au début du quinquennat, pour certaines de ses dépenses personnelles. François Fillon, le jour de son discours de politique générale, est obligé de répondre à une question sur ce sujet et lâche maladroitement que « ce n'est pas intéressant ». Pendant ce temps, René Dosière passe en boucle sur toutes les radios et télés. Quand il rentre de Libreville où il était en visite officielle, un douanier veut le contrôler après l'atterrissage. Au lieu de faire état de sa qualité de parlementaire, il dit simplement : « La carte bancaire de Cécilia, c'est moi ! » Succès garanti !

Puis il s'intéresse aux vacances du couple présidentiel et de sa suite aux États-Unis, dans un luxueux complexe situé à Wolfeboro, dans le New Hampshire. Est-ce du goût des socialistes ? Pas du tout. François Hollande lui téléphone en plein mois d'août pour connaître ses intentions : « Qu'est-ce que tu envisages vraiment ? » Ce n'est pas parce qu'un Président de droite vit à l'Élysée qu'il faut jouer les chevaliers blancs !

Cela n'empêche pas le député de l'Aisne de s'attaquer à de nouveaux petits secrets de l'oligarchie politique : quel est le train de vie des ministres ? Combien dépensent-ils en frais de représentation ? Bénéficient-ils d'un appartement de fonction ? Au début, personne ne lui répond. Tout député qu'il est, il doit relancer et relancer encore.

Mais son vrai morceau de bravoure, celui qui fait grincer des dents tous ses collègues, droite et gauche confondues, intervient plus tard : c'est sa bataille contre l'écrêtement.

... *Et quand ils gouvernent, c'est encore pire*

Sous ce terme abscons s'est caché pendant des années un système hallucinant, mis en place par le gouvernement Cresson, pour les élus dont le cumul des indemnités liées à leurs différents mandats dépassait le plafond autorisé. Au lieu d'y renoncer, chacun pouvait verser la différence à la personne de son choix. À son conjoint par exemple.

René Dosière dépose donc un amendement dans une loi concernant les collectivités locales d'outre-mer. Il est minuit quand survient le vote. L'hémicycle est presque vide. L'amendement passe. Mais le gouvernement, allié à quelques députés et sénateurs, va tout faire pour le rayer de la carte. En réunion du groupe socialiste à l'Assemblée nationale, René Dosière se fait descendre par ses camarades. « Qu'est-ce que c'est que cette histoire ? » s'exclame le député du Nord Bernard Roman.

En 2012, il est évidemment candidat à sa succession comme député de l'Aisne. Christophe Borgel – l'apparatchik qui se présente comme un industriel –, en charge des élections au PS, lui donne toutes les assurances, mais dans des termes étranges : « On va valider ton investiture, mais tu n'en parles pas. » Quelques jours plus tard, le même est vraiment désolé : « Je n'arrive pas à imposer ta candidature... » Tous les camarades qui sont devenus ministres n'ont aucune envie que soit réélu un homme qui viendra à n'en pas douter fureter dans leurs affaires... Tant que René Dosière s'occupait du cas de Chirac ou de Sarkozy à l'Élysée, c'était supportable. Mais maintenant que la gauche est au pouvoir, c'en est trop !

Même scénario qu'en 2007 : il se présente contre le même candidat investi par le PS. Une fois de plus, il gagne. Et la même scène se reproduit dans l'appartement du questeur. Sauf que l'appareil vole au

La démocratie verrouillée

secours de la victoire et lui propose de siéger comme socialiste, pas comme apparenté. Depuis, René Dosière est le seul député socialiste qui n'ait pas sa carte au Parti. Car il ne paiera plus sa cotisation, il ne faut pas exagérer.

Conclusion

Bien sûr, ils ne sont pas les plus nombreux. Évidemment, ils ont connu l'impopularité. Indubitablement, certains d'entre eux ont été chassés par les électeurs. Mais leur passage aux affaires en témoigne : pas besoin d'être de Gaulle ou Churchill pour oser gouverner. Personne n'est obligé, dans une démocratie, de s'accommoder de responsables politiques obsédés par leur propre survie et indifférents au sort du peuple.

Ils sont canadien, suédois, italien, allemand et n'ont rien de commun en apparence : ni l'âge ni la sensibilité politique. Ce qui les rassemble, c'est qu'ils n'ont pas fait semblant.

Paul Martin ? Il est québécois. Quand il devient ministre de l'Économie du Canada en 1993, il trouve une situation très dégradée. Le déficit public approche les 8 % du PIB (4 % en France aujourd'hui). L'endettement engloutit environ 40 % des recettes fiscales. Le pays, en situation de faiblesse, est attaqué par les marchés financiers. Comment fait-il pour éviter la ruine ? Il se donne un an pour convaincre la population de consentir des sacrifices. Chaque vendredi soir et chaque samedi soir, il se rend dans une salle des fêtes pour expliquer et expliquer encore. « Nous avons été trans-

Conclusion

parents. Nous savions que nous avions une fenêtre très étroite avant une autre récession, et nous ne l'avons pas caché », se souvient-il. Son secret ? Que tout le monde, sans exception, participe à l'effort de redressement, que personne ne soit épargné. Indispensable pour rassembler au lieu de diviser. Évidemment, quand il explique à certains ministres que leur budget est amputé de moitié, à d'autres que leur portefeuille va purement et simplement disparaître, la révolte gronde. Il passe outre. En quatre ans, le Canada se retrouve en situation d'excédent budgétaire. Et Paul Martin n'est pas chassé, bien au contraire. Il reste à son poste jusqu'en 2002, et devient même Premier ministre en 2006.

Göran Persson ? Il dirige la Suède de 1996 à 2006. Ce n'est donc pas un passage éclair. Pourtant, il remet à plat un modèle social à bout de souffle. Il s'attaque aux retraites, aux déficits. Et divise le taux de chômage par deux. Comment a-t-il fait ? Il a passé un pacte avec la population : il lui a promis qu'il ne toucherait pas à la « philosophie » de l'État-providence et a justifié le plus clairement possible chacune de ses décisions.

À la tête du gouvernement italien depuis février 2014, Matteo Renzi n'a pas fini, loin s'en faut, de tirer son pays du marasme économique. Mais il a commencé par s'en prendre à quelques privilèges pour montrer sa détermination à réformer. À peine devenu président du Conseil, il annonce que les voitures de fonction des élus, c'est fini. Dès le lendemain, ces luxueuses berlines sont en vente. À commencer par celles dont disposait son propre cabinet. Il trouve que le Sénat, pléthorique, coûte trop cher et ne sert à rien ? Il parvient à convaincre les sénateurs de voter leur propre disparition. Bref, il s'est attaqué à quelques attributs de la caste à laquelle

« Ça tiendra bien jusqu'en 2017 ! »

il appartient sans craindre pour son image ou pour les réactions de sa clientèle.

Gerhard Schröder, lui, a été chassé du pouvoir pour avoir osé moderniser l'Allemagne. Au début des années 2000, le pays est en crise. Il ne respecte plus les fameux critères de Maastricht et surtout, sa compétitivité est en berne. Que fait Gerhard Schröder ? Il accepte de se sacrifier. Il sait qu'il perdra les élections. Mais avant sa défaite annoncée, qui conduira Angela Merkel à la Chancellerie, il veut laisser une trace, un héritage. Il demande à Peter Hartz, ancien dirigeant de Volkswagen, de lui trouver des idées pour moderniser le marché du travail et le modèle social allemand. Avec cette philosophie simple qu'il explique à ses concitoyens : « Il vaut mieux un peu de travail que pas de travail du tout. » Le résultat ? Schröder a perdu les élections mais l'Allemagne affiche moins de 5 % de chômage, un excédent budgétaire et une balance commerciale insolente.

À Berlin, la plupart de ses ministres, il est vrai, sont nommés pour une durée déterminée, et une mission précise. Quand celle-ci est remplie, le chancelier les reçoit, leur remet une sorte de diplôme avant de leur souhaiter bonne chance pour la suite de leur carrière.

En France, c'est l'inverse. Les membres du gouvernement découvrent souvent dans les médias qu'ils ont été débarqués mais beaucoup d'entre eux sont prêts à tout pour garder leur portefeuille.

Michèle Delaunay, ministre déléguée aux Personnes âgées dans l'équipe de Jean-Marc Ayrault, a appris son éviction en regardant BFMTV. Cette cancérologue a connu une soudaine célébrité un an plus tard, alors qu'elle avait retrouvé son siège de députée.

À l'Assemblée nationale, elle a en effet côtoyé une nouvelle génération d'élus de droite et de gauche, arri-

Conclusion

vés en 2012. Ahurie par leur posture, leur arrogance, leur méconnaissance de la vraie vie, elle a écrit sur son blog un petit texte qui a fait le tour des réseaux sociaux : « Comment cela est-il possible ? "Cela" ? Perdre tout pied dans la réalité, n'avoir plus le sens commun. Agir comme si l'on était au-dessus de la règle la plus élémentaire, ne plus savoir entendre raison ou n'en plus avoir [...]. Ces élus n'ont jamais connu la vie réelle. Compter pour savoir si l'on pourra payer ses deux employés à la fin du mois, si l'on aura soi-même assez pour assumer la scolarité du petit, le loyer [...]. Entrés tôt dans le tunnel et le gravissant sans interruption, les jeunes sont plus à risque de comportements "hors sol". Ils sont dépendants de la politique à tous les sens du terme, y compris financier. À tous, je conseille d'aller voir aussi ailleurs, d'apprendre autre chose, ils n'en apporteront que davantage à la politique et aux causes qu'ils défendent. »

Cette femme de bonne volonté est le témoin atterré et impuissant de la comédie du pouvoir dans laquelle on se paie de mots et de postures plutôt que de gouverner ou de légiférer pour le bien commun.

Ce 17 novembre 2015, quatre jours après les attentats qui ont frappé Paris, la députée de Gironde sort de la traditionnelle réunion du groupe socialiste qui se tient tous les mardis matin à l'Assemblée. La veille, François Hollande a parlé devant le Parlement réuni en Congrès, à Versailles. Il a rendu hommage aux victimes, annoncé des frappes sur la Syrie, renforcé les moyens policiers. Elle et ses collègues ont chanté *La Marseillaise*. Elle a enfin éprouvé – presque physiquement, dit-elle – un sentiment qu'elle croyait évanoui depuis longtemps : « C'était digne. La politique reprenait de la hauteur. Le niveau était monté d'un cran. J'espère que ça va durer... »

Table

Introduction 7

I. Ils font semblant de gouverner... 13

1. Le voyage en Amérique 15
2. Arrosage automatique à Matignon 24
3. Le concours de pauvreté 31
4. Ces apprentis qui nous gouvernent 38
5. Le festival d'enrobage 49
6. Quand Monsieur Bricolage redécoupe
   la France... 58
7. Ségolène la magicienne 66
8. « De toute façon, ce projet ne verra jamais
   le jour » 73
9. Quand Hollande déçoit François 78
10. Des ministres sourds, aveugles... ou inutiles 84
11. « Je ne veux pas réveiller le volcan ! » 93
12. Un bon Samaritain à l'Élysée 99
13. La fabrique des bonnes nouvelles 106
14. Ils n'ont pas de métier 114

II. ... et quand ils gouvernent,
c'est encore pire 123

15. La loge qui fait peur 125
16. Quand un major de l'ENA joue
    à l'imbécile… 139
17. La passion de l'intérêt général 148
18. Comment la gauche aime les pauvres 156
19. Comment la droite aime la République 165
20. La comédie du paritarisme 171
21. Voyage de presse chez le percepteur 183
22. La farce du permis de conduire 191
23. Le gouvernement *made in France* 198
24. Le TGV pour tous 205
25. C'est pas moi, m'dame ! 214
26. Députés de – trop – grande proximité 221
27. Les autistes sont au pouvoir 228
28. La démocratie verrouillée 235

Conclusion 244

DES MÊMES AUTEURS

Ces chers cousins. Les Wendel, pouvoirs et secrets, Plon, 2015.
La Caste cannibale. Quand le capitalisme devient fou, Albin Michel, 2014.
L'Oligarchie des incapables, Albin Michel, 2012.

OUVRAGES DE SOPHIE COIGNARD

Aux Éditions Albin Michel

L'Omertà française (en coll. avec Alexandre Wickham), 1999.
Le Rapport Omertà, 2002, 2003 et 2004.
La Vendetta française, 2003.
Vous, les politiques (entretiens avec Francis Mer), 2005.
Le Marchand de sable, 2007.
Une présidence de crise (entretiens avec Jean-Pierre Jouyet), 2009.
Un État dans l'État, 2009.
Le Pacte immoral, 2011.

Chez d'autres éditeurs

La Nomenklatura française (cn coll. avec Alexandre Wickham), Belfond, 1986.
La République bananière (en coll. avec Jean-François Lacan), Belfond, 1989.

Le jour où la France a basculé, Robert Laffont, 1991.

Le Nouveau Dictionnaire des girouettes (en coll. avec Michel Richard), Robert Laffont, 1993.

Les Bonnes Fréquentations : Histoire secrète des réseaux (en coll. avec Marie-Thérèse Guichard), Grasset, 1997.

Mafia chic (en coll. avec Alexandre Wickham), Fayard, 2005.

Le monde est à nous (en coll. avec Alexandre Wickham), Fayard, 2007.

OUVRAGES DE ROMAIN GUBERT

L'Arrogance française (en coll. avec Emmanuel Saint-Martin), Balland, 2003.

La Guerre des temps modernes, Milan, 2004.

« *La France doit-elle quitter l'Europe ?* », Larousse, 2006.

« *Et surtout, n'en parlez à personne...* ». *Au cœur du système Madoff* (en coll. avec Emmanuel Saint-Martin), Albin Michel, 2009.

Composition Nord compo
Impression CPI Bussière en décembre 2015
Éditions Albin Michel
22, rue Huyghens, 75014 Paris
www.albin-michel.fr
ISBN : 978-2-226-31669-1
N° d'édition : 21724/01 – N° d'impression : 2018128
Dépot légal : janvier 2016
Imprimé en France